ThéoTeX
Site internet : theotex.org
Courriel : theotex@gmail.com

© 2023, Richard Baxter
Édition : BoD — Books on Demand, info@bod.fr
Impression : BoD – Books on Demand, In de Tarpen 42, Norderstedt (Allemagne)
Impression à la demande
ISBN : 978-2-3221-4353-5
Dépôt légal : Mars 2023

Le Pasteur Réformé

Richard Baxter

1650

ThéoTeX
— 2018 —

NOTICE THÉOTEX

Par quel enchantement un livre aussi accusateur envers les pasteurs de son temps, et plus encore envers ceux du nôtre, peut-il aujourd'hui bénéficier des recommandations les plus vives pour l'instruction ceux qui se préparent au saint ministère ? L'anesthésie de la pensée, la flatterie moutonnière, propres aux blogosphères, expliquent pour leur part ce paradoxe : Charles SPURGEON, Georges WHITEFIELD et Martin LLOYD JONES aimaient beaucoup Richard BAXTER : voilà le grand argument, suffisant et nécessaire pour applaudir l'auteur, sans avoir l'intention de le lire ! (Qu'en ont pensé Sardinoux, Jalaguier, Vinet ? n'a par contre aucune importance, puisque ces noms ne sont pas suivis sur facebook). Or cet *excellent* ouvrage ne respecte nullement les ritournelles de l'*orthodoxie calviniste* qui charment si fort nos évangéliques modernes ; pas même la sacro-sainte assurance du salut, n'y est épargnée ; il affirme au contraire que le pasteur qui n'aura pas fait tout son devoir sera finalement perdu :

Oh ! de quelle confusion sera couvert le ministre négligent, lorsque, au dernier jour, le sang du fils de Dieu s'élèvera en témoignage contre lui ! Lorsque Christ lui dira : « Tu as dédaigné les âmes achetées au prix de mon sang, espères-tu donc être sauvé par mon sacrifice ? » O mes frères ! craignons qu'après avoir travaillé au salut des autres, nous ne soyons nous-mêmes condamnés! (p. 112)

Et que l'on ne dise pas qu'il ne s'agit ici que d'un mouvement oratoire qui dépasse la pensée réelle de l'écrivain ; les mêmes menaces se retrouvent tout du long : *Mais de peur que vous ne disiez que je cherche à vous effrayer par des dangers imaginaires, je dois vous prouver la certitude de la condamnation réservée aux pasteurs négligents, et vous montrer combien de témoins s'élèveront contre nous, au jour du jugement, si nous sommes infidèles dans l'accomplissement de notre devoir.* (p. 184)

« Soit, accordera-t-on, Baxter n'était pas bon théologien, mais il faut lire son livre, parce qu'il regorge de bons conseils PRATIQUES pour les pasteurs. » Là encore c'est manquer son intention : les conseils que donnent Baxter, s'ils étaient réellement mis en pratique, entraîneraient un véritable séisme dans le clergé évangélique ; la plupart de ses membres devraient pour commencer quitter leur poste :

Celui qui peut se résigner à travailler sans cesse sans voir aucun fruit de son travail ne peut s'attendre à le voir béni de Dieu... et pour ma part, je ne puis sans étonnement voir des pasteurs qui ont passé vingt, trente ou quarante ans dans une église, livrés à des travaux infructueux, se résigner si patiemment à y rester. (p. 99)

Ceux qui resteraient dans leur assemblée devraient confesser publiquement leur orgueil et leurs jalousies, prêcher simplement, sans chercher à étaler leur science théologique :

Cela va si loin, que dans les grandes congrégations qui ont besoin du ministère de deux ou de plusieurs prédicateurs, il est difficile que deux ministres également doués vivent ensemble en bonne harmonie et poursuivent d'un commun effort l'œuvre de leur divin maître ; à moins que l'un des deux ne soit décidément inférieur à l'autre et ne consente à être son second et à recevoir la loi de lui, ils luttent entre eux pour la prééminence, ils se jalousent l'un l'autre, ils vivent dans une froideur et dans une inimitié réciproque, déshonorant ainsi leur ministère et compromettant l'édification de leur troupeau... C'est encore l'orgueil qui rend les ministres si entiers dans leurs opinions, si fortement opposés à ceux qui ne pensent pas comme eux sur des points secondaires. Ils veulent que tout le monde se soumette à leur jugement, comme s'ils étaient les maîtres et les arbitres de la foi de l'Église.

En vérité, le lecteur évangélique ne peut lire dix pages de Baxter, sans que le nom d'un autre auteur, honni aujourd'hui et qualifié d'hérétique, mais dont les *Discours sur les Réveils Religieux* tenaient bonne place dans toutes les librairies bibliques il n'y a pas si longtemps, ne lui vienne à l'esprit : Charles FINNEY. Mêmes accents passionnés, mêmes accusations terribles, et surtout même logique implacable :

« Si vous assistiez au début de l'incendie d'un grand bâtiment, quels efforts ne feriez-vous pas pour prévenir ses occupants ! Quels cris, quelles supplications leur adresseriez-vous ! Et cependant, entouré de millions d'âmes, dont vous savez pertinemment qu'elles tomberont bientôt en enfer, vous restez muet... ou vous leur parlez avec une telle froideur que jamais elles ne croiront à la réalité de ces tourments éternels dont vous les informez. »

Cette image simple résume toute la théologie pratique de Baxter et de Finney ; et on ne peut rien lui opposer, car c'est bien à cela qu'aboutit, laissée à elle-même, la logique de l'existence du ciel et de l'enfer. De même qu'il n'y a répondre à Calvin, lorsque par la logique, de la prédestination des élus au ciel, il conclut à la prédestination des réprouvés à l'enfer : choisir les uns, c'est forcément rejeter les autres. Cependant ni Jésus, ni Paul n'ont prêché comme Baxter ou Finney, et ils n'ont pas non plus parlé comme Calvin : *Ils ont Moïse et les prophètes, qu'ils les écoutent !* a dit le Seigneur. La logique n'est donc pas tout dans le domaine de l'invisible ; mais il faut d'autre part reconnaître qu'au cours de l'Histoire de l'Église Dieu a suscité des périodes dites de *réveil*, où des individus prêchaient avec succès l'imminence de la mort et la menace du jugement. Baxter a été le Finney de son époque, et comme lui, la plus forte preuve de l'autorité de son message auprès de ses contemporains, consistait dans le nombre de convertis qu'il produisait. Les réveils ne peuvent pas être niés, se sont des faits.

Plutôt que de traduire THE REFORMED PASTOR par LE PASTEUR CHRÉTIEN, pléonasme qui n'apprend rien, il aurait dû être intitulé LE PASTEUR RÉVEILLÉ. Lecteur, vous voilà prévenu, Baxter ne s'harmonise pas avec la mode néo-calviniste, et si comme à elle la théologie du *réveil* vous répugne, ne dépassez pas cette page.

Phoenix, le 3 avril 2018

Préface

Il y a environ deux cents ans que Richard Baxter publia sur le ministère évangélique un ouvrage qui a rendu d'importants services à la cause du christianisme, et dont les pages suivantes nous offrent la traduction.

Cet ouvrage n'était, dans sa forme primitive, qu'un discours prononcé à l'occasion d'un jour de jeûne qui fut célébré à Worcester, en 1655, par les ministres du comté, et à la suite duquel ceux-ci s'engagèrent solennellement à s'acquitter du soin de l'instruction personnelle envers tous les membres de leur troupeau.

Les ministres présents à cette solennité reçurent de ce discours une impression si profonde, qu'ils prièrent M. Baxter de traiter ce sujet avec plus de développements, et de publier son ouvrage sous la forme d'un appel à tous les ministres de l'Évangile. Le caractère et les talents de Baxter le rendaient éminemment propre à traiter des obligations et des devoirs du saint ministère non seulement il avait une longue expérience de cette vocation, mais encore la manière dont il s'était acquitté de sa charge, comme pasteur à Kidderminster, et le succès dont il avait plu à

Dieu de couronner ses efforts le signalaient au choix de ses collègues comme l'homme le plus capable d'écrire avec force, avec profondeur et avec dignité, sur la responsabilité attachée aux fonctions du pastorat.

Cet ouvrage, à la composition duquel Baxter ne put, à cause de ses fréquentes maladies et de ses nombreuses occupations, donner autant de soin qu'il l'aurait désiré, parut sous le titre de *Gildas Salvianus :* ou le *Pasteur Réformé.*

Gildas et Salvien étaient deux écrivains du cinquième et du sixième siècle, distingués tous les deux par la fidélité de leurs enseignements et par la hardiesse de leurs exhortations. « Je n'ai point de prétention, dit Baxter, à la sagesse de Gildas ni à la sainteté de Salvien ; mais leurs noms serviront d'excuse à la candeur et à la franchise de mes paroles. Pourquoi, dans un rang inférieur, et avec un talent moins élevé, ne me serait-il pas permis de suivre leurs traces, ne fût-ce que de loin ? Haïs peut-être pendant leur vie, à cause de leur franchise et de leur sincérité, ils sont hautement estimés et approuvés après leur mort. Je puis donc, d'après ce précédent, espérer que mon ouvrage aura quelque succès, sinon pour le présent, du moins dans l'avenir. »

L'espoir de Baxter n'a point été trompé. Son ouvrage a eu un débit immense, et a été publié sous une grande variété de formes. Estimé des chrétiens des diverses dénominations, il a eu en Angleterre beaucoup d'éditions, dont l'une, revue et abrégée par le révérend docteur Brown, ministre presbytérien à Edimbourg, a été récemment publiée avec une excellente préface par le révérend Daniel

Wilson, aujourd'hui évêque de Calcutta[a]. « Je me réjouis, dit celui-ci, de rendre témoignage à l'excellence de ce livre. Membre de l'église épiscopale, je me sens particulièrement heureux de faire précéder de quelques lignes les pages chaleureuses et éloquentes de ce célèbre théologien non conformiste. » Le célèbre docteur Doddridge, professeur de théologie et ministre parmi les indépendants, dit : « C'est un ouvrage très remarquable, et que tous les jeunes ministres doivent lire avec soin avant d'être consacrés ; on ferait bien même d'en relire plusieurs parties tous les trois ans. Rien ne serait plus propre à réveiller dans l'esprit d'un pasteur ce zèle pour son œuvre, faute duquel plusieurs ministres, pieux du reste, ne sont que les ombres de ce qu'ils pourraient être par la bénédiction de Dieu. »

Dans les conseils que donne Baxter pour l'accomplissement des devoirs pastoraux, il peut se rencontrer quelques détails qui ne seraient point en France d'une application immédiate. Certaines circonstances de localité ou d'organisation ecclésiastique peuvent s'opposer à ce que les directions de Baxter soient ponctuellement suivies. Mais malgré ces impossibilités de détail, qu'il serait le premier à reconnaître, les principes qu'il établit et les dispositions qu'il recommande ne peuvent manquer d'être appréciés et approuvés par la conscience de tous les fidèles serviteurs de Jésus-Christ, comme la lecture en est éminemment propre à alarmer et à réveiller ceux qui regardent le ministère chrétien comme une simple profession qui leur assure un rang honorable dans le monde, mais dont ils ne connaissent ni les glorieuses prérogatives ni la grave

---

[a]. C'est sur l'édition du révérend docteur Brown que cette traduction a été faite.

responsabilité. Lorsque Baxter publia *le Pasteur chrétien*, il exprima la confiance que la bénédiction de Dieu accompagnerait cet ouvrage. Il disait, peu de temps avant sa mort : « J'ai lieu de remercier Dieu du succès de ce livre, et de croire qu'il a fait du bien à un grand nombre d'âmes ; car il a encouragé plusieurs ministres à entreprendre sérieusement la tâche qu'il recommande. » — Pour nous, nous terminons aussi en exprimant l'espoir que cette traduction pourra, par la bénédiction divine, exercer comme l'original une heureuse et salutaire influence ; et nous dirons avec l'auteur : S'il plaisait à Dieu de réformer les ministres et de les disposer à remplir avec fidélité et avec zèle les devoirs de leur vocation, cette réforme s'étendrait infailliblement aux troupeaux ; car les églises prospèrent ou déclinent, selon que leurs pasteurs se distinguent, non par des honneurs et par des richesses, mais par leur savoir, par leur fidélité et leur zèle. »

Mark WILKS, 1841.

I
LA SURVEILLANCE DE NOUS-MÊMES

> Prenez donc garde à vous-mêmes, et à tout le troupeau sur lequel le Saint-Esprit vous a établis pasteurs, pour paître l'Église de Dieu, qu'il a acquise par son propre sang.
> (Actes 20.28)

RÉVÉRENDS ET BIEN-AIMÉS FRÈRES,

Quelques personnes pensent que cette exhortation de Paul aux anciens de l'Église prouve qu'il était leur chef ; cependant, nous, qui vous adressons aujourd'hui la parole de la part du Seigneur, nous espérons pouvoir le faire librement et sans craindre que l'on ne tire de nos discours une pareille conséquence. Quoique chargés d'instruire le troupeau que Dieu nous a confié, nous pouvons aussi nous instruire les uns les autres, comme ayant une commune charge et une commune foi. Si les fidèles que nous dirigeons « doivent s'instruire, s'avertir, s'exhorter chaque jour réciproquement, » il est hors de doute que nous, leurs pasteurs, nous pouvons nous rendre mutuellement les mêmes offices, sans cesser d'être égaux en autorité ou en dignité. Comme les fidèles de notre Église, nous avons des péchés à mortifier, des grâces à demander et à accroître ; mais notre œuvre est plus grande et plus difficile que la leur, nous avons donc besoin aussi bien qu'eux, sinon d'être instruits, du moins d'être avertis et stimulés. Nous devrions en conséquence nous réunir plus fréquemment dans ce but ; nous devrions nous exhorter entre nous, aussi sincèrement et aussi sérieusement que les pasteurs les plus zélés exhortent leur troupeau, de peur que, faute d'avertissements et de pressantes exhortations, notre foi ne soit moins solide et moins vive que la sienne. C'était la pensée de saint Paul, et je n'en veux pas d'autre preuve que cette vive et touchante allocution aux pasteurs de l'Église d'Ephèse, auxquels il donnait ainsi en peu de mots une leçon utile, mais difficile à apprendre. Combien il eût été heureux pour l'Église que ses évêques et ses ministres se fussent profondément pénétrés de cette leçon, et qu'ils eussent pour elle renoncé à des études et à des travaux qui n'avaient d'autre effet que de leur assurer les applaudissements du monde !

Dans le développement de l'importante vérité contenue dans l'exhortation de saint Paul, nous nous proposons d'adopter la marche suivante :

1. Nous examinerons ce que c'est que prendre garde à nous-mêmes ;
2. Nous montrerons pourquoi nous devons prendre

garde à nous-mêmes ;
3. Nous rechercherons ce que c'est que de prendre garde à tout le troupeau ;
4. Nous enseignerons la manière dont nous devons prendre garde à tout le troupeau ;
5. Nous établirons quelques-uns des motifs pour lesquels nous devons prendre garde à tout le troupeau ;
6. Enfin, nous ferons l'application de tous les points dans l'examen desquels nous allons entrer.

1. Nature de cette surveillance

En premier lieu, examinons ce que c'est que *prendre garde à nous-mêmes*.

I. Veillez à ce que l'œuvre de la grâce sanctifiante s'opère complètement dans votre âme.

Prenez garde à vous-mêmes, mes frères, de peur d'être dépourvus de cette grâce divine que vous offrez aux autres, et d'être étrangers à l'influence efficace de cet Évangile que vous prêchez ; de peur que, tandis que vous annoncez au monde la nécessité d'un Sauveur, votre propre cœur ne le néglige et ne renonce à ses bienfaits. Prenez garde à vous-mêmes, pour ne pas périr en voulant sauver les autres, pour n'être pas vous-mêmes dépourvus de la nourriture divine que vous leur préparez. Suivant les promesses de Dieu (Dan. 12.3), ils brilleront comme des étoiles, ceux qui en convertiront plusieurs à la justice ; mais c'est à condition qu'ils y seront eux-mêmes convertis. Sans doute, l'œuvre de leur ministère leur assure la promesse d'une gloire plus brillante ; mais ils n'en jouiront qu'à la condition qu'ils seront eux-mêmes sincères dans la foi. Plus d'un pasteur a averti les autres de ne pas « aller à ce lieu de tourment » tandis qu'il y courait lui-même ; plus d'un prédicateur est maintenant en enfer, qui a cent fois exhorté ses auditeurs à faire tous leurs efforts pour y échapper. Est-il raisonnable de supposer que Dieu sauvera un ministre qui offre aux autres un salut qu'il refuse pour lui-même, et qui leur prêche des vérités dont il ne fait aucun cas ? Celui qui, par état, prépare de riches tissus, va souvent en haillons, et celui qui assaisonne les mets les plus délicats ne se nourrit parfois que d'aliments grossiers. Croyez-moi, Dieu ne sauve jamais un homme parce qu'il est prédicateur et orateur éloquent, mais parce qu'il est justifié, sanctifié, et fidèle au service de son maître. Efforcez-vous donc de croire et de pratiquer les vérités que vous prêchez à vos auditeurs, et attachez-vous à ce Sauveur que vous leur annoncez. Celui qui vous ordonne d'aimer votre prochain comme vous-mêmes, suppose d'abord que vous vous aimez vous-mêmes et que vous ne courez pas volontairement à votre ruine.

Il est terrible pour un homme qui fait profession de christianisme, et surtout pour un prédicateur, de ne pas être sanctifié. En ouvrant la Bible, ne craignez-vous pas d'y lire votre condamnation ? En écrivant vos sermons, ne vous vient-il pas à l'esprit que vous dressez un acte d'accusation contre vous-mêmes ? En tonnant contre les péchés d'autrui, ne songez-vous pas que vous aggravez les vôtres ? En proclamant devant vos auditeurs les richesses inappréciables de Christ et de sa grâce, ne voyez-vous pas que vous mettez à nu votre propre iniquité, puisque vous les rejetez, et votre propre indigence, puisque vous en êtes dépourvu ? Quand vous voulez amener les hommes à Christ, les arracher au monde, les conduire à la foi et à la sainteté, votre conscience, si elle est réveillée, ne vous dit-elle pas que tous vos discours tournent à votre confusion et à votre honte ? Vous parlez de l'enfer, mais c'est parler de votre héritage ; vous dépeignez les joies du ciel, mais c'est étaler votre misère, vous qui n'avez aucun droit « à l'héritage des saints dans la lumière. » Que pouvez-vous dire qui ne tourne contre vous ? Quelle vie misérable que celle d'un homme qui travaille et parle contre lui-même, et qui passe ses jours à prononcer sa propre sentence ! Un prédicateur qui n'a pas dans son cœur l'expérience de la religion est une des plus misérables créatures qu'il y ait sur la terre, et pourtant il est ordinairement insensible à son malheur ; car il est si riche en dons trompeurs qui prennent à ses yeux l'apparence de la grâce, il a tant de brillantes pierreries toutes semblables aux purs joyaux qui font la richesse du chrétien, que l'idée de sa pauvreté ne vient jamais l'affliger. Il s'imagine qu'il est « riche, pourvu de biens, et qu'il ne manque de rien, tandis qu'il est pauvre, misérable, aveugle et nu. » Il connaît les Saintes Écritures, il pratique de pieux devoirs, il ne vit pas ouvertement dans le péché, il sert à l'autel de Dieu, il prêche la sainteté de cœur et de conduite, et comment ne serait-il pas saint ? Oh ! quelle profonde misère que de périr au milieu de l'abondance, que de faire servir à notre aveuglement et à notre perte ces pratiques que Dieu a instituées pour nous éclairer et pour nous sauver ! Nous présentons aux autres le miroir de l'Évangile pour qu'il réfléchisse à leurs yeux l'aspect de leur âme, et nous, nous en détournons la vue, nous n'y voyons rien ou nous n'y voyons que des apparences mensongères. — Qu'un tel homme s'arrête; qu'il examine son cœur et sa vie; qu'il se convertisse avant de s'occuper à convertir les autres; qu'il se demande à quoi peut servir une nourriture que l'on ne digère point; qu'il se demande si celui qui invoque le nom de Christ ne doit pas « se retirer de l'iniquité, » pour que Dieu exauce ses prières; s'il suffira au jour du jugement de dire : « Seigneur, Seigneur, nous avons prophétisé en ton nom, » lorsque Dieu fera entendre ces terribles paroles : « Retirez-vous de moi, je ne vous connais pas. » Etait-ce pour Judas un grand motif de consolation dans le lieu de tourments, de se rappeler qu'il avait prêché avec les autres apôtres, qu'il s'était assis à table avec Jésus-Christ, qui l'avait appelé son *ami ?* Quand de telles pensées se présenteront à l'esprit des pasteurs dont nous parlons, qu'ils montent en chaire et qu'ils répètent le sermon d'Origène sur ce texte (Psa.50.16-17) : « Mais Dieu a dit au méchant : Est-ce à toi de réciter mes statuts et de prendre mon alliance en ta bouche; puisque tu hais la correction, et que tu as jeté mes paroles derrière toi? » qu'ils lisent leur texte et qu'ils l'expliquent par leurs larmes; qu'ils fassent une entière confession de leurs péchés; qu'ils déplorent leur malheur devant toute l'assemblée; qu'ils demandent aux fidèles le secours de leurs prières pour obtenir le pardon et la grâce de Dieu, afin que désormais ils prêchent un Sauveur qu'ils connaissent, afin qu'ils sentent profondément les vérités qu'ils annoncent, et qu'ils puissent célébrer les richesses de l'Évangile d'après leur propre expérience.

Hélas! un danger et un malheur très commun pour

l'Église, c'est d'avoir des pasteurs qui ne sont point régénérés et des prédicateurs qui ne sont pas chrétiens ; des hommes consacrés au saint ministère pour servir Dieu, avant d'être sanctifiés par la consécration de leur cœur, comme disciples de Christ ; des hommes qui adorent un Dieu inconnu, qui prêchent un Christ inconnu, qui prient un Esprit inconnu, qui recommandent un état de sainteté, de communion avec Dieu, de glorification et de félicité qu'ils ne connaissent point et que probablement ils ne connaîtront jamais. Il ne sera jamais qu'un prédicateur sans âme, celui qui ne sent pas au fond du cœur l'influence de Christ et de la grâce divine. Que tous les jeunes lévites qui fréquentent nos facultés de théologie se pénètrent bien de ces vérités. Combien il est triste pour eux de consumer leur temps à acquérir quelque connaissance des œuvres de Dieu, à apprendre quelques-uns de ces noms par lesquels les diverses langues les désignent, et de ne pas connaître Dieu lui-même ; d'être étrangers à cette œuvre de régénération qui seule peut les rendre heureux ! Ils passent leur vie comme dans un vain rêve, occupant leur esprit de mots et de pures notions, mais étrangers à l'Éternel et à la vie des saints. Si jamais Dieu les réveille par sa grâce, leurs sentiments et leurs occupations leur feront reconnaître que jusqu'à présent leur vie n'a été qu'un songe sans réalité. Ils ne peuvent rien connaître s'ils ne connaissent pas Dieu ; une seule étude est donc essentielle, celle de Dieu. Nous ignorons la créature, tant que nous ignorons ses rapports avec le Créateur. Des lettres et des syllabes jetées au hasard ne présentent aucun sens, et celui qui ne voit pas Dieu, qui est l'alpha et l'oméga, le commencement et la fin, et qui ne le voit pas dans tout, ne voit absolument rien ; car toutes les créatures séparées de Dieu sont comme autant de syllabes assemblées au hasard et qui n'ont aucune signification. Si elles en étaient réellement séparées, elles cesseraient d'exister, elles seraient complètement anéanties, et lorsque nous les en séparons dans notre imagination, elles ne sont plus rien pour nous.

Autre chose est de connaître les créatures comme Aristote les connaissait, ou de les connaître comme le fait un chrétien. C'est une étude excellente et plus utile qu'on ne croit ; mais Aristote ne peut nous en apprendre qu'une bien faible partie. Quand l'homme fut créé parfait, placé dans un monde parfait, où tout était dans un ordre admirable, la création était pour lui un livre ouvert dans lequel il pouvait lire la nature et la volonté de son auteur. Le nom de Dieu était gravé en traits ineffaçables sur toutes les créatures ; l'homme, en ouvrant les yeux, voyait partout l'image du Créateur, mais nulle part aussi complète et aussi brillante que dans lui-même. Il n'avait alors qu'à lire le livre de la nature, et surtout à s'étudier lui-même, pour acquérir une connaissance parfaite de sa destination et de l'essence de Dieu. Mais quand il voulut connaître et aimer les créatures indépendamment de Dieu, il perdit à la fois la connaissance de la créature et du Créateur, et n'acquit en retour que la funeste science qu'il cherchait, que de vaines notions sur tous les êtres et sur lui-même, parce qu'il ne les considérait point dans leurs rapports avec Dieu. Ainsi, celui qui vivait pour le Créateur et par le Créateur ne vit plus que pour les créatures et pour lui-même ; ainsi « tout homme, le savant comme l'ignorant, n'est que vanité. Tout homme se promène parmi ce qui n'a que l'apparence ; il s'inquiète en vain. » Et comme Dieu, en devenant notre Rédempteur, n'a pas cessé d'être aussi notre Créateur ; comme l'œuvre de la rédemption est en quelque sorte subordonnée à celle de la création, et la loi du Rédempteur à celle du Créateur, de même aussi les devoirs que nous avons à remplir envers Dieu comme notre Créateur subsistent toujours, et nos devoirs envers Dieu comme Rédempteur leur sont subordonnés. C'est l'œuvre de Christ de nous ramener à Dieu et de nous rétablir dans la perfection de la sainteté et de l'obéissance, et comme il est le chemin qui conduit au Père, de même la foi en lui est le chemin qui nous remettra en possession de Dieu.

J'espère, mes frères, que vous comprenez ma pensée. Je veux dire que voir Dieu dans ses créatures, l'aimer, communiquer avec lui, était l'occupation de l'homme dans son état de pureté : loin que cela ait cessé d'être pour nous un devoir, c'est l'œuvre de Christ de nous y ramener par la foi ; par conséquent, les hommes les plus saints sont les plus propres à étudier les ouvrages de Dieu, et seuls ils peuvent les étudier et les connaître réellement. « Ses œuvres sont grandes et recherchées par tous ceux qui y prennent plaisir, » non pour elles-mêmes, mais pour celui qui les a faites. L'étude de la physique, ainsi que celle des autres sciences, n'est d'aucun prix, si ce n'est pas Dieu que l'on y cherche. Voir et admirer Dieu, le respecter et l'adorer, l'aimer et se réjouir en lui dans la manifestation de ses œuvres, voilà la vraie, la seule philosophie ; toute autre n'est que *folie,* comme Dieu lui-même l'appelle. C'est ainsi que vous sanctifierez vos études, en prenant Dieu pour leur grand objet et leur unique fin.

Je trouve donc (et je vous prie de me pardonner ici une

observation que je me sens forcé de vous faire), je trouve que c'est un usage absurde et dangereux dans les universités chrétiennes, d'étudier la créature avant d'étudier le Rédempteur, de s'occuper de physique, de métaphysique et de mathématiques avant de se livrer à l'étude de la théologie ; car celui qui n'est pas d'abord nourri de science vivante ne sera jamais qu'un enfant en philosophie. La théologie doit être la base et le point de départ de toutes nos autres études. Si Dieu doit être le but de toutes nos recherches, il faut que les professeurs le montrent à leurs élèves dans toutes ses créatures ; la théologie doit être le commencement, le milieu, la fin, l'unique objet de leurs études, et la nature doit être lue comme le livre de Dieu, écrit pour sa manifestation. L'Écriture Sainte est un livre encore plus facile, et quand vous y aurez appris à connaître Dieu et sa volonté, étudiez alors ses œuvres avec l'esprit d'un chrétien et d'un théologien : si vous ne vous y voyez pas, vous et toutes les autres créatures, comme n'ayant de vie et d'existence qu'en Dieu et pour sa gloire, alors, quelque chose que vous croyiez voir, vous ne voyez rien ; si, en étudiant les créatures, vous n'apercevez pas que « Dieu est tout en tous, et que toutes choses sont de lui, par lui et pour lui, » vous présumez savoir quelque chose, et vous n'avez encore rien connu comme il faut le connaître. » Ne regardez pas non plus la physique et la science de la nature comme de simples études préparatoires : c'est la plus noble et la plus sublime partie de la sagesse, de chercher, d'admirer et d'adorer Dieu dans toutes ses œuvres ; les hommes les plus saints se sont livrés à de telles contemplations. Le livre de Job et celui des Psaumes peuvent nous apprendre que la physique se lie à la théologie plus étroitement qu'on ne le suppose.

En conséquence, pour le bien de l'Église, je demanderai aux professeurs vraiment pieux s'il ne serait pas à propos d'occuper leurs élèves de l'étude de la théologie pratique (car je n'en connais pas d'autre), aussi bien que de celle des autres sciences, et s'ils ne devraient pas même commencer par là ? S'ils s'attachaient surtout à expliquer à leurs élèves la doctrine du salut, à leur en faire sentir toute l'importance ; s'ils poursuivaient ainsi le cours de leurs enseignements en les subordonnant à celui-là, afin que leurs élèves pussent en comprendre le but ; si leur philosophie avait une couleur véritablement religieuse, nous pensons qu'il en résulterait de grands avantages pour l'Église et pour le pays : mais quand les langues et la philosophie occupent presque tout leur temps ; quand, au lieu d'enseigner la philosophie en théologiens, ils enseignent la théologie en philosophes, comme si la doctrine de la vie éternelle n'était pas quelque chose de plus important que des questions de logique ou d'arithmétique, voilà ce qui perd tant de jeunes ministres : voilà ce qui remplit l'Église de tant de pasteurs non régénérés ! C'est pour cela que nous avons tant de prédicateurs mondains qui parlent de la félicité invisible, tant d'hommes charnels qui célèbrent les mystères de l'Esprit, tant d'infidèles qui prêchent Jésus-Christ, tant d'athées qui proclament le Dieu vivant. Ils ont appris la philosophie avant ou sans la religion, il n'est donc pas étonnant que la philosophie soit toute leur religion.

J'en appelle donc à ceux qui dirigent l'éducation des jeunes gens dans le but spécial de les préparer au saint ministère. Vous, leurs professeurs et leurs maîtres, commencez et finissez par les choses de Dieu ; présentez chaque jour à vos élèves ces vérités dont leur cœur doit être pénétré, sous peine de perdition ; entretenez-les souvent, d'une manière vive et pénétrante, de Dieu, de l'état de leur âme et de la vie à venir. Vous ne savez pas quelle impression ces divers sujets peuvent faire sur eux. Non seulement l'âme de ce jeune homme à qui vous vous adressez, mais une foule d'autres, peuvent avoir à bénir Dieu de votre zèle, et même d'une seule parole dite à propos. Vous êtes mieux placés que qui que ce soit pour leur être utiles ; ils sont entre vos mains dès leur jeunesse, et ils ont pour vous une docilité qu'ils n'auraient pas pour d'autres. S'ils sont destinés au saint ministère, vous les préparez pour le service particulier de Dieu, et vous devez leur faire connaître Celui qu'ils auront à servir. Oh ! quel malheur pour leur âme et quel fléau pour l'Église de Christ, s'ils sortaient d'entre vos mains avec des cœurs charnels pour commencer une œuvre si grande, si sainte, si pure ! Si vous leur confiez une mission dont ils soient incapables, quelle œuvre de mort ne feront-ils pas parmi le troupeau ! Si, au contraire, vous êtes pour eux des moyens de conversion et de sanctification, combien d'âmes vous béniront et quel bien vous pouvez faire à l'Église ! Si leurs cœurs sont touchés des saintes vérités qu'ils étudient et qu'ils prêchent, ils les étudieront et les prêcheront avec plus d'ardeur ; leur expérience chrétienne les guidera dans le choix des sujets les plus utiles, leur fournira des preuves abondantes pour les développer, et leur apprendra à les appliquer à la conscience de leurs auditeurs. Prenez donc garde de préparer des causes de douleur et de gémissement pour l'Église, et des sujets de joie pour l'ennemi éternel qui détruit les âmes.

II. Ne vous contentez pas d'être vous-mêmes en état de grâce ; mais faites en sorte que cette grâce soit toujours agissante, vivifiante, et appliquez-vous à vous-mêmes vos propres sermons avant de les prêcher aux autres.

Quand vous ne le feriez que pour vous, vous ne perdriez point votre peine ; mais je vous engage surtout à le faire pour l'Église. Quand votre esprit est dans une disposition sainte et céleste, votre troupeau en recueille le fruit ; il goûte la douceur de vos instructions et de vos prières ; quand vous vous êtes approchés de Dieu, et quand vous prêchez avec ardeur, il s'en aperçoit et il vous écoute avec piété. C'est à ma confusion que je l'avoue, et que je découvre ainsi à mon troupeau les maladies de mon âme ; mais quand mon cœur se refroidit, ma prédication s'en ressent, et cette froideur se communique même aux plus pieux de mes auditeurs, qui, dans nos assemblées de prières, prient avec une langueur qui ressemble trop à ma prédication. Nous sommes les nourriciers des enfants de Christ ; si nous les privons de l'aliment dont ils ont besoin, nous les affamerons et nous les laisserons dépérir ; si nous laissons s'affaiblir notre amour, nous ne fortifierons pas le leur ; si notre ardeur se ralentit, notre prédication s'en ressentira, sinon pour le fond, du moins pour la forme ; si nous ne donnons pour pâture à notre âme que de fausses doctrines ou des controverses inutiles, nos auditeurs ne manqueront pas d'en souffrir. Mais si nous abondons en foi, en amour, en zèle, nous répandrons toutes ces richesses spirituelles sur nos congrégations, et nous augmenterons leurs grâces.

O mes frères ! veillez donc sur vos cœurs ! bannissez-en

les convoitises, les passions, les inclinations mondaines ; entretenez-y la vie de la foi, de l'amour, du zèle ; vivez beaucoup avec votre âme, vivez beaucoup avec Dieu. Si vous ne vous appliquez pas chaque jour à étudier votre cœur, à dompter la corruption, à marcher avec Dieu ; si vous ne faites pas de cela votre constante occupation, vous n'opérerez aucun bien et vous affamerez vos auditeurs ; ou si vous n'avez qu'un zèle affecté, gardez-vous d'espérer qu'il soit béni de Dieu. Livrez-vous surtout à la prière et à la méditation : c'est là ce qui fera descendre le feu du ciel sur vos sacrifices. Rappelez-vous que si vous négligez ce devoir, beaucoup en souffriront avec vous. Si vous vous laissez entraîner à l'orgueil spirituel ou à quelque erreur dangereuse, et si vous « attirez des disciples après vous, » quel coup fatal pour l'Église que vous conduisez ! Vous pouvez être pour votre troupeau un fléau, au lieu de lui être une bénédiction.

Veillez donc sur vos opinions et sur vos affections ! La vanité et l'erreur s'insinueront adroitement sous de spécieux prétextes : les grandes apostasies ont pour l'ordinaire de faibles commencements. Le prince des ténèbres se cache souvent sous l'apparence d'un ange de lumière pour plonger dans les ténèbres les enfants de la lumière. Nos affections aussi sont sujettes à se corrompre : notre première charité, notre crainte, notre sollicitude diminuent. Veillez donc pour vous et pour les autres.

Mais outre cette vigilance continuelle et générale, un ministre doit surtout faire attention à l'état de son cœur avant de se rendre au service divin ; s'il est froid, comment pourra-t-il échauffer le cœur de ses auditeurs ? Demandez donc à Dieu la chaleur et la vie ; lisez quelque livre édifiant, méditez sur l'importance des sujets dont vous allez parler, songez aux besoins spirituels de votre troupeau, afin d'entrer avec un saint zèle dans la maison du Seigneur. Entretenez en vous, par la vigilance et par la prière, la vie de la grâce ; qu'elle paraisse dans votre prédication, que chacun de vos auditeurs en ressente la bienfaisante influence.

III. Prenez garde à vous-mêmes, de peur que votre exemple ne soit en opposition avec votre prédication, et que vous ne soyez pour votre troupeau une pierre d'achoppement et une cause de ruine.

Si votre vie dément les paroles de votre bouche, vous serez vous-mêmes les plus grands obstacles au succès de vos travaux. Les incrédules, qui chaque jour attaquent devant nos fidèles les vérités que nous leur avons annoncées, nuisent sans doute à l'effet de nos prédications ; mais vous le détruirez bien plus sûrement vous-mêmes, si vos actions contredisent vos paroles, si vous abattez toute la semaine l'édifice que vous élevez pendant une heure ou deux ; vous travestissez ainsi la parole de Dieu en un vain discours et la prédication en une futile rhétorique. Une parole hautaine et orgueilleuse, une contestation inutile, une action cupide, détruiront l'effet d'une foule de sermons. Voulez-vous ou non voir le succès couronner vos efforts ? Voulez-vous agir efficacement sur l'âme de vos auditeurs ? Si vous ne le voulez pas, pourquoi prêchez-vous, pourquoi étudiez-vous, pourquoi vous appelez-vous les ministres de Christ ? Et si vous le voulez, comment pouvez-vous vous résoudre à détruire vous-mêmes votre propre ouvrage ? Quoi ! vous désirez le succès de vos travaux, et vous ne voulez pas faire part aux pauvres d'un peu de votre superflu ; vous ne voulez pas supporter une injure ou une parole offensante ; vous ne voulez pas réprimer la hauteur ou la vivacité de votre caractère, pas même pour gagner les âmes, pas même pour accomplir le seul but de votre ministère ! En vérité, vous faites peu de cas du succès, si vous l'estimez à si bas prix que vous ne vouliez rien faire pour l'obtenir.

Combien est déplorable l'erreur de quelques ministres dont la prédication et la conduite présentent un si étrange contraste, et qui s'appliquent si fort à bien prêcher, et si peu à bien vivre ! Ils consacrent toute une semaine à perfectionner un sermon, et ne trouvent pas une heure pour apprendre à régler leur vie. Ils redoutent dans leurs discours l'effet d'un mot mal placé (et je suis loin de les en blâmer, car la matière est grave et importante), mais ils s'inquiètent peu de bien placer leurs affections et de régler leurs paroles et leurs actions dans la conduite de la vie. Ils prêchent avec le soin le plus minutieux et ils vivent à l'aventure. Telle est l'attention avec laquelle ils composent leurs sermons, qu'ils se font un mérite de prêcher rarement, afin que leur langage soit plus travaillé et plus poli : ils étudient avec soin les grands orateurs pour se former un style élégant et fleuri ; ils sont si difficiles, qu'un prédicateur ne peut leur plaire que par une diction riche et pompeuse, que par ces périodes harmonieuses qui séduisent l'esprit, mais ne touchent point le cœur. Une fois hors de l'église, ils s'inquiètent peu de ce qu'ils disent ou de ce qu'ils font, pourvu qu'ils ne franchissent pas trop ouvertement les bornes de la bienséance. Quelle différence entre leurs sermons et leur conversation familière ! Les moindres impropriétés de style ou de raisonnement les choquaient dans un discours ; ils les bravent dans la conduite ou dans le langage journalier.

Certes, mes frères, il nous importe de prendre garde à ce que nous faisons, aussi bien qu'à ce que nous disons. Si nous voulons être les serviteurs de Christ, nous devons le servir non seulement en paroles, mais aussi en actions ; « nous devons faire les œuvres de Dieu, afin que nous soyons bénis dans nos œuvres. » Comme nos fidèles doivent mettre la parole en pratique et ne pas se contenter de l'écouter, de même nous devons agir aussi bien que parler, de peur que nous ne nous trompions nous-mêmes. » (Jacques.1.26-27) Nous devons prêcher par nos exemples comme par nos discours. Quand vous vous préparez à annoncer à vos fidèles la parole de Dieu, si vous avez quelque sollicitude pour leur âme, demandez-vous : « Comment toucherai-je leur âme, que leur dirai-je pour les convaincre, pour les convertir et pour les sauver ? » Mais demandez-vous aussi : « Comment vivrai-je ? que ferai-je ? comment réglerai-je ma conduite pour contribuer au salut des âmes ? » Si ce salut est votre unique but, vous vous en occuperez en chaire et hors de la chaire ; ce sera la fin de tous vos travaux et de tous vos efforts. Votre fortune, vos talents, toutes vos facultés seront employés de manière à produire le plus grand bien. Votre unique étude doit être de consacrer vos richesses, votre crédit, votre influence, aussi bien que vos discours, au service de Dieu. Si vous croyez que la prédication soit le seul but de votre ministère, vous ne vous regarderez comme ministres que tant que vous serez en chaire, et dans ce cas, vous seriez à mes yeux tout-à-fait indignes de cette fonction sacrée.

Permettez-moi, mes frères, de vous recommander le zèle pour les bonnes œuvres. Soutenez la sainteté de votre caractère, et gardez-vous d'être pour les autres un sujet de scandale. Que votre exemple soit la condamnation du péché et un encouragement à la pratique du devoir. Voudriez-vous donc que vos fidèles s'inquiétassent plus de leur âme que vous ne vous inquiétez de la vôtre ? Si vous voulez qu'ils « rachètent leur temps, » ne perdez pas le vôtre. Si vous désirez que vos discours leur soient utiles, parlez-leur de manière à les édifier et à les faire croître dans la grâce. Que votre famille soit exemplaire, pour servir de modèle à la leur. Ne soyez ni fier ni hautain, si vous voulez qu'ils soient humbles. Les vertus que je vous recommande comme les plus utiles sont l'humilité, la douceur et le renoncement à vous-mêmes. Pardonnez les injures et « rendez le bien pour le mal. » Imitez notre Seigneur qui, « lorsqu'il était injurié, n'injuriait point à son tour. » Si les pécheurs sont opiniâtres et dédaigneux, la chair et le sang vous conseilleront sans doute d'user de représailles et de les combattre par les mêmes moyens ; mais efforcez-vous de les vaincre par la bonté, la patience et la douceur. Ne cherchez pas à leur prouver que vous les surpassez en pouvoir mondain, car c'est une lutte où les fidèles succombent le plus souvent ; mais faites voir que vous l'emportez sur eux en vertu et en piété. Si vous croyez qu'il vaut mieux imiter Jésus-Christ que César ou Alexandre, qu'il est plus glorieux d'être un chrétien qu'un conquérant, un homme qu'une brute, luttez de charité et non de violence, opposez à la force, non pas la force, mais la modestie et la charité.

Rappelez-vous que vous devez être les serviteurs de tous. Ayez de la condescendance pour les hommes de la plus humble condition. Ne vous éloignez point des pauvres, car ils pourraient prendre cet éloignement pour du mépris. En vous familiarisant avec eux dans un but de sainteté, vous pouvez leur faire beaucoup de bien. Ne parlez à personne avec hauteur ou dédain, mais soyez affable avec les plus humbles comme avec vos égaux en Christ. Des manières douces et affectueuses sont un moyen facile d'obtenir les plus grands succès.

Multipliez, mes frères, les œuvres de charité et de bienfaisance ; visitez les malheureux, informez-vous de leurs besoins, et intéressez-vous à leur âme et à leur corps. Procurez-leur la Bible et quelques livres de piété qui puissent leur être utiles, et faites-leur promettre qu'ils les liront avec attention. N'épargnez pas votre argent, et faites tout le bien que vous pourrez. Ne songez point à amasser des richesses pour vous ou pour vos enfants. Si vous vous appauvrissez pour faire du bien, vous gagnerez plus que vous ne perdrez. Prouvez aux pauvres que vous regardez l'argent dépensé pour le service de Dieu comme le mieux placé. Je sais que la chair et le sang murmureront contre la pratique de ce devoir, et ne manqueront pas de prétextes pour s'en dispenser ; mais souvenez-vous de ce que dit le Seigneur Jésus : « Celui qui aime quelque chose au monde plus que lui n'est pas digne d'être appelé son disciple. » Si vous ne croyez pas que Jésus-Christ exige de vous ces sacrifices parce qu'ils vous sont pénibles, vous vous abusez vous-mêmes ; vous niez le devoir, parce qu'il vous impose des privations ; vous n'êtes pas véritablement chrétiens ; la corruption de votre cœur obscurcit votre entendement, qui à son tour augmente les illusions de votre cœur. Si vous vous appauvrissez sur la terre pour amasser un trésor dans le ciel, vous ne perdez rien : étranger et voyageur ici-bas, votre pèlerinage vous sera d'autant plus facile que vous serez moins chargés[a] !

Quand le cœur est charnel et avide, il se laisse difficilement persuader de pratiquer les œuvres de charité ; on les recommande aux autres, mais on s'en dispense volontiers soi-même. Le vrai croyant au contraire sera aussi généreux en actions qu'en paroles. Oh ! quel bien pourraient faire les ministres, s'ils vivaient dans le mépris du monde, de ses richesses et de ses honneurs, s'ils dépensaient tout ce qu'ils ont pour le service de leur maître, s'ils s'imposaient des privations afin d'avoir plus à donner ! Une telle conduite disposerait plus de cœurs à recevoir leur doctrine, que toute leur éloquence. Mais sans cette libéralité chrétienne, leur piété passera pour de l'hypocrisie, et peut-être ne sera-t-elle pas autre chose. « Celui qui vit dans l'innocence, dit Minutius Felix, adresse à Dieu la plus efficace prière ; celui qui arrache un homme au danger, immole la plus agréable victime. Voilà nos sacrifices, voilà les offrandes dignes de Dieu. Pour nous, le plus juste est le plus religieux. » Sans imiter les papistes, qui s'enferment dans les couvents et abandonnent tout ce qu'ils possèdent, nous ne devons cependant rien posséder que pour Dieu.

IV. Prenez garde à vous-mêmes, de peur de vivre dans les péchés que vous condamnez chez les autres.

---

a. *Qui viam terit, eo felicior quo levior incedit* : Le voyageur marche d'autant plus légèrement qu'il est moins chargé. (Minutius Felix, *Octavius*)

Si vous êtes particulièrement appelés à glorifier Dieu, déshonorerez-vous son saint nom comme les autres ? Si vous proclamez la puissance et l'autorité de Christ, serez-vous les premiers à les mépriser et à vous révolter contre elles ? Si le péché est un mal, pourquoi vous y laissez-vous aller ? et s'il n'en est pas un, pourquoi le condamnez-vous ? S'il est dangereux, pourquoi vous y exposez-vous ? et s'il ne l'est pas, pourquoi cherchez-vous à en détourner les autres ? Si les menaces de Dieu sont vraies, pourquoi ne les craignez-vous pas ? et si elles sont fausses, pourquoi cherchez-vous sans nécessité à les faire craindre aux autres ? Dieu a déclaré que « ceux qui commettent de telles choses sont dignes de mort, » et cependant vous ne craignez pas d'y tomber. « Toi qui enseignes les autres, tu ne t'enseignes pas toi-même ; toi qui dis qu'on ne doit pas commettre adultère, tu commets adultère ; toi qui te glorifies dans la loi, tu déshonores Dieu par la transgression de la loi. » (Rom.2.21-24) Vous livrerez-vous à la médisance, au dénigrement, à la calomnie, quand vous les condamnez tous les jours ? Prenez garde à vous-mêmes ; ne vous souillez pas des péchés contre lesquels vous vous élevez dans vos discours ; ne vous soumettez pas à ces chaînes honteuses que vous paraissez vouloir briser : « Ne savez-vous pas que, quand vous vous rendez esclaves de quelqu'un pour lui obéir, vous êtes esclaves de celui à qui vous obéissez ; soit du péché pour la mort, soit de l'obéissance pour la justice ? » (Rom.6.16) O mes frères ! il est plus aisé de censurer le péché que d'en triompher.

Enfin, prenez garde à vous-mêmes, de peur que vous ne manquiez des qualités nécessaires à l'accomplissement de votre œuvre. Il doit être abondamment pourvu de connaissances, celui qui veut enseigner aux hommes les vérités mystérieuses nécessaires au salut. De quelles qualités ne doit-il pas être doué, pour accomplir une tâche aussi laborieuse ! que de difficultés à résoudre, même sur les principes fondamentaux de la religion ! que de textes obscurs à expliquer ! que de devoirs à remplir dans lesquels nous pouvons nous égarer, si nous n'en connaissons pas bien la nature, le but et les moyens ! que d'écueils à éviter, et que de sagacité et de prudence il nous faut souvent pour cela ! que de tentations cachées nous devons dévoiler à nos fidèles ! que de cas de conscience, graves et difficiles, nous avons chaque jour à décider ! Et comment accomplir cette œuvre, si nous n'y sommes pas bien préparés ? Que de forteresses redoutables il nous faut abattre ! que de résistances obstinées nous avons à vaincre ! Notre voie est tellement encombrée de préjugés, qu'il ne nous est pas aisé même de nous faire écouter des pécheurs. A peine nous avons fait une brèche dans leurs espérances charnelles et dans leur funeste tranquillité, qu'ils ont une foule d'expédients pour la réparer. Contre nous s'élève une multitude d'ennemis secrets que nous regardions comme nos amis. Il nous faut discuter contre des enfants qui ne nous comprennent pas, contre des rêveurs qui nous étourdissent de leurs absurdités, contre des insensés qui, réduits au silence, ne sont pas pour cela convaincus, et qui, à défaut de bonnes raisons, nous opposent leur opiniâtreté ; semblables en cela à l'homme que Salvien avait à combattre, et qui, résolu à dévorer la substance d'un pauvre, n'opposait aux pressantes exhortations de son pieux antagoniste que cette réponse irréfragable, suivant lui : « J'ai juré de le faire. » Nous donc n'avons pas seulement à lutter contre la raison des pécheurs, mais contre leurs passions qui ne veulent rien entendre. Leur meilleure raison, c'est qu'ils ne veulent pas nous croire, ni nous, ni « tous les prédicateurs du monde ; qu'ils ne veulent pas changer de sentiments ou de conduite ; qu'ils ne veulent pas renoncer à leurs péchés, quoi qu'il en arrive. » Lorsque nous entreprenons la conversion d'un pécheur, nous avons affaire à une multitude de passions furieuses aussi intraitables qu'une populace soulevée. Telle est la tâche immense que nous sommes obligés de remplir.

O mes frères ! qu'il nous faut pour cela d'habileté, de force, de courage ! « Qui est suffisant pour de si grandes choses ? » disait saint Paul, et combien nous serions insensés de nous en croire capables ! « Quels ne devez-vous pas être par une sainte conduite et par des œuvres de piété ? » disait l'apôtre Pierre. De même pouvons-nous dire à chaque ministre : « Pour accomplir l'œuvre dont nous sommes chargés, quels ne doivent pas être nos efforts et notre persévérance ! » Quel immense fardeau nous avons à porter ! que d'habileté il nous faut pour chaque partie de notre tâche, et combien chacune de ces parties est importante ! La prédication n'est pas, à mon avis, ce qu'il y a de plus difficile ; et cependant combien il nous faut de talent pour exposer clairement la vérité, pour convaincre nos auditeurs, pour éclairer leur conscience, pour pénétrer leur cœur de l'amour de Christ, pour combattre victorieusement toutes les objections, pour amener les pécheurs à reconnaître leur défaite et l'horreur de leur position, pour parler enfin un langage digne, convenable et intelligible à tous ! Certes, une habileté commune ne suffit pas pour une tâche si haute et si sainte, pour annoncer la parole de Dieu d'une manière digne de sa grandeur. Combien il serait déplorable que, par faiblesse ou par négligence, nous vinssions à échouer dans une entreprise si importante et si sainte ! Combien il serait terrible de déshonorer l'œuvre de Dieu et d'endurcir les pécheurs au lieu de les convertir ! Combien d'auditeurs profanes trouvent dans la faiblesse du prédicateur un sujet de raillerie ! Combien sont plongés dans l'engourdissement et dans la torpeur, parce que notre cœur et notre parole n'ont pas assez de vivacité pour les réveiller !

Et que d'habileté il nous faut encore pour défendre la vérité contre ses adversaires, pour raisonner avec eux de la manière la plus propre à les convaincre ! Si nous échouons par faiblesse, quel triomphe pour eux ! Notre déshonneur personnel est peu de chose ; mais combien d'hommes faibles et ignorants peuvent par là se laisser pervertir et entraîner à leur ruine ! et combien il est difficile d'en ramener un seul à la vérité pour le sauver ! O mes frères ! n'êtes-vous pas effrayés de la grandeur de cette œuvre ? Une mesure ordinaire de talent, de prudence ou d'habileté pourra-t-elle y suffire ? L'Église est parfois, il est vrai, forcée de tolérer des serviteurs faibles et peu capables ; mais malheur à nous, si nous nous pardonnons notre faiblesse et notre impuissance ! La raison et la conscience nous disent que si nous entreprenons une tâche aussi difficile, nous ne devons épargner aucune peine pour nous y préparer dignement. Quelques études légères ne suffisent pas pour faire un profond théologien. Je sais qu'on nous a quelquefois recommandé de laisser là une science vaine, et de nous en remettre au Saint-Esprit du soin de nous préparer à notre labeur et de nous aider à l'accomplir ;

mais Dieu, qui nous a prescrit l'usage de tous les moyens d'instruction, ne nous pardonnera pas de les négliger ; il ne nous assurera pas le succès, si nous ne faisons rien pour l'obtenir ; il ne nous instruira pas par des songes et par des visions ; il ne nous élèvera pas au ciel pour nous révéler ses décrets, tandis que nous resterons oisifs et indolents sur la terre. Quoi ! nous « éteindrons l'Esprit » par notre indolence et par notre lâcheté, et nous oserons nous appuyer sur ses promesses ! Etrange aveuglement ! La parole de Dieu nous ordonne « de ne pas être paresseux à nous employer pour autrui, mais de servir le Seigneur avec un esprit fervent. » Tels nous devons nous efforcer de rendre nos auditeurs, tels nous devons être nous-mêmes. En conséquence, mes frères, ne perdez point votre temps dans l'inaction. Livrez-vous à l'étude, à la prière, à de pieux et utiles entretiens, à la pratique de vos devoirs. Prenez garde à vous-mêmes, de peur que votre faiblesse ne soit le résultat de votre négligence, et que, par votre impuissance, vous ne laissiez périr l'œuvre de Dieu entre vos mains.

2. Motifs de cette surveillance

Je vous ai expliqué ce que c'est que prendre garde à vous-mêmes ; je vais mettre sous vos yeux quelques-uns des motifs qui vous engagent à la pratique de ce devoir.

I. Prenez garde à vous-mêmes, car vous avez une âme qui doit être ou heureuse ou malheureuse éternellement.

Il vous importe donc de commencer par vous, et de prendre garde à vous-mêmes aussi bien qu'aux autres.

Votre prédication peut contribuer à sauver les autres, sans que vous soyez vous-mêmes sanctifiés ; mais elle ne peut pas vous sauver vous-mêmes. Plusieurs diront : « Seigneur, Seigneur, n'avons-nous pas prophétisé en ton nom ? » auxquels il répondra : « Je ne vous connais pas ; retirez-vous de moi, vous qui faites métier de l'iniquité. » O mes frères ! combien d'hommes ont prêché Christ et ont cependant péri faute de croire en lui ! Combien sont maintenant en enfer, qui ont exhorté leurs fidèles à éviter ce lieu de tourment ! Combien ont dénoncé aux pécheurs la colère de Dieu, qui portent maintenant tout le poids de sa vengeance ! Quoi de plus déplorable pour un homme que d'avoir eu pour mission de proclamer le salut, de montrer aux autres le chemin du ciel et d'en être exclu lui-même ! Hélas ! nous avons dans nos bibliothèques une foule de livres qui nous enseignent la voie du salut, nous passons nos années à les étudier, à méditer la doctrine de la vie éternelle, et nous la laissons échapper ! Nous prêchons le salut, et nous le perdons ; nous annonçons aux pécheurs la damnation éternelle, et elle est notre partage ! Et tout cela parce que nous sommes nous-mêmes indifférents au Christ et à l'Esprit de Dieu, qui font l'objet de nos prédications ; parce que nous proclamons la foi, et que nous ne croyons pas ; parce que nous prêchons la repentance et la conversion, et que nous vivons dans l'impénitence et dans l'endurcissement ; parce que nous annonçons la vie éternelle, tandis que nous sommes nous-mêmes charnels et attachés à la terre. Nous avons le titre de ministres de Dieu ; mais son image divine n'est point gravée dans nos âmes, sa volonté nous trouve rebelles, et il n'est point étonnant que nous soyons séparés de lui et privés éternellement de sa présence. Croyez-moi, mes frères, Dieu ne fait point acception de personnes ; il ne sauve pas les hommes en raison de leur profession ou de leur vocation, et le plus saint de tous les ministères ne sauvera jamais un homme non régénéré. Si vous vous tenez à l'entrée du royaume de la grâce pour y introduire les autres, et que vous ne vouliez pas y entrer vous-mêmes, vous frapperez vainement à la porte du royaume de gloire. Il faut que vous soyez pourvus de grâce aussi bien que de talents, de sainteté aussi bien que de science, si vous voulez participer à ce bonheur céleste que vous décrivez. Est-il besoin de vous dire que les prédicateurs de l'Évangile seront jugés d'après l'Évangile ; qu'ils paraîtront au même tribunal ; qu'ils seront soumis aux mêmes sentences que les autres hommes ? Croyez-vous que votre titre d'ecclésiastiques doive vous sauver ? Désabusez-vous. Dieu ne vous tiendra pas compte de votre doctrine, mais de votre vie et de votre foi. Vous ne pouvez en douter : prenez donc garde à vous-mêmes ; car vous avez une âme à sauver ou à perdre, comme le reste de votre troupeau.

II. Prenez garde à vous-mêmes ; car vous avez comme les autres une nature dépravée, des inclinations corrompues.

Si, malgré son état d'innocence, Adam s'est perdu et a perdu le genre humain avec lui, faute de vigilance et de précaution, combien n'en avons-nous pas plus besoin que lui ! En vain prêchons-nous contre le péché ; il habite toujours en nous. Un péché en amène un autre ; une corruption prépare la voie à une autre corruption. Si un voleur s'introduit dans une maison, il en ouvre la porte à ses complices, parce qu'ils ont tous le même but et les mêmes inclinations. Une seule étincelle suffit pour allumer un incendie. Aveuglés par le péché, nous devons sonder notre chemin. Nos cœurs, comme ceux de nos auditeurs, sont naturellement étrangers à Dieu, éloignés de lui, dominés par des passions fougueuses et désordonnées. Nous sommes enclins à l'orgueil, à l'incrédulité, à l'égoïsme, à l'hypocrisie, aux vices les plus odieux. Il nous importe donc de prendre garde à nous-mêmes. Nos cœurs recèlent une foule d'ennemis cachés dont nous devons nous défier. Comme de faibles enfants, nous courons risque de tomber à chaque pas. Telle est notre faiblesse, que le moindre obstacle peut nous arrêter et nous perdre. Qu'il faut peu de chose pour nous égarer, pour enflammer nos passions et nos désirs, pour pervertir notre jugement, pour affaiblir nos résolutions, pour refroidir notre zèle et ralentir nos efforts ! non seulement nous sommes les enfants d'Adam, mais nous sommes aussi, comme les autres hommes, pécheurs et rebelles envers Christ. Nos cœurs, perfides et corrompus, sont toujours prêts à nous égarer. Nos péchés, morts, en apparence, sont toujours prêts à revivre. L'orgueil et la mondanité, que nous croyions avoir extirpés de nos âmes, peuvent à chaque instant y renaître avec tous les vices. Faibles comme nous le sommes, nous devons donc prendre garde à nous-mêmes et nous surveiller activement.

III. Prenez garde à vous-mêmes, parce que vous êtes exposés à de plus fortes tentations que les autres hommes. Si vous voulez être les chefs de la milice appelée à combattre le prince des ténèbres, c'est contre vous qu'il dirigera tous ses efforts. Vous êtes ses plus grands ennemis ; donc vous serez exposés à ses coups les plus terribles.

S'il déteste plus que nul autre Christ, le chef de notre foi et de notre salut, le destructeur de la puissance des ténèbres, il déteste de même ceux qui combattent immédiatement sous sa bannière ; c'est surtout aux chefs qu'il s'attaque, parce que leur chute doit entraîner la défaite de toute l'armée. Il veut frapper le berger, afin de disperser le troupeau ; il a si souvent employé ce moyen avec succès qu'il n'y renoncera pas aisément. Votre ennemi ne vous perd pas de vue : vous êtes le point de mire de ses ruses, de ses trahisons, de ses attaques. Prenez donc garde à vous, de peur que, tout sages et tout prudents que vous êtes, il ne vous fasse tomber dans ses pièges. Le prince des ténèbres est plus savant et plus habile que vous ; il peut se transformer en ange de lumière pour vous tromper ; il s'insinuera auprès de vous et vous enlacera dans ses artifices ; il vous ravira votre foi et votre innocence, avant que vous soupçonniez que vous les avez perdues ; il vous fera croire que votre grâce se fortifie et s'augmente, quand déjà vous ne l'aurez plus ; il déguisera si bien ses pièges et ses appâts, que vous ne les apercevrez point ; il vous présentera des tentations si bien appropriées à votre caractère et à vos penchants, qu'il fera servir vos propres principes à votre ruine ; et quand il vous aura perdus, il se servira de vous pour perdre les autres. Oh ! quel triomphe pour lui s'il peut rendre un ministre négligent et infidèle, s'il parvient à l'entraîner dans la cupidité et dans le désordre ! Dans son orgueil, il insultera à l'Église de Dieu et s'écriera : « Voilà donc vos saints prédicateurs ! voilà où les conduit leur rigorisme ! » Il insultera à Christ lui-même : « Voilà, dira-t-il, tes défenseurs ! voilà tes serviteurs qui te trahissent ! voilà les ministres de ta maison qui te sont infidèles ! » S'il poussa la présomption jusqu'à insulter Dieu, en prétendant qu'il forcerait Job à le maudire en face, que ne fera-t-il pas s'il triomphe de vous ? Quelle sera sa joie, s'il peut vous rendre infidèles à votre mission, vous pousser à déshonorer votre profession et faire de vous ses esclaves, vous dont il est le plus mortel ennemi ! Oh ! ne lui donnez pas cette satisfaction ; ne souffrez pas qu'il vous traite comme les Philistins traitèrent Samson, qu'il vous affaiblisse, qu'il vous aveugle, et qu'il fasse de vous l'objet de ses insultantes railleries.

IV. Prenez garde à vous-mêmes, parce que tous les yeux sont sur vous, pour épier vos chutes et vos manquements.

Vous ne pouvez tomber sans que le monde en retentisse. Le soleil ne peut s'éclipser sans une multitude de témoins. Placés pour être les lumières de l'Église, vous êtes exposés aux regards de tous. Les autres hommes peuvent pécher sans attirer l'attention ; vous, vous ne le pouvez pas. Et vous devez remercier Dieu d'être ainsi en vue, et d'avoir une foule de témoins prêts à vous avertir de vos fautes, et par conséquent à vous en préserver. Peut-être le feront-ils avec une joie maligne, mais ils ne vous en seront pas moins utiles. A Dieu ne plaise que nous soyons assez imprudents pour commettre le mal ouvertement, volontairement, tandis que tout le monde nous regarde ! « Ceux qui dorment, dorment la nuit ; et ceux qui s'enivrent, s'enivrent la nuit. » Songez que vous êtes toujours en vue, et que la lumière même de votre doctrine ne fera que rendre vos fautes plus éclatantes.

La lumière élevée sur une colline ne peut être cachée. Travaillez donc, en vous souvenant que le monde a les yeux sur vous, prêt à interpréter méchamment votre conduite, à découvrir vos moindres faiblesses, à grossir vos moindres fautes, et à vous en imputer même d'imaginaires. Avec quelle prudence devez-vous donc marcher sous les yeux de tant de juges prévenus contre vous !

V. Prenez garde à vous-mêmes, car vos péchés sont plus odieux que ceux des autres hommes.

« Un grand homme, disait le roi Alphonse, ne peut commettre une petite faute : » A plus forte raison pouvons-nous dire qu'un homme éclairé, chargé d'instruire les autres, ne peut pas commettre un léger péché, ou du moins qu'une faute légère chez un autre devient grave chez lui.

1° Vous êtes plus exposés que les autres à pécher sciemment, parce que vous avez plus de lumières et plus de moyens d'en acquérir. Vous n'ignorez pas que la cupidité et l'orgueil sont des péchés. Vous n'ignorez pas combien vous êtes coupables lorsque, infidèles à votre charge, par négligence ou par égoïsme, vous laissez perdre les âmes. « Vous connaissez la volonté de votre maître, et vous savez que si vous ne la faites pas, vous serez battus de plus de coups. » Plus vos connaissances sont étendues, plus votre zèle doit être ardent.

2° Vos péchés sont entachés de plus d'hypocrisie que ceux des autres, parce que votre mission est de prêcher sans cesse contre le péché. Vous cherchez à détruire le péché dans les autres, vous voulez le leur rendre odieux et méprisable, vous seriez donc criminels d'aimer en secret ce que vous blâmez en public. Vous ne seriez que de misérables hypocrites, si vous viviez habituellement dans les transgressions que vous condamnez, et si vous imposiez aux hommes des fardeaux que vous ne voudriez pas vous-mêmes toucher du bout du doigt, si enfin votre prédication n'était pas sincère. Oh! gardez-vous de cette hypocrisie pharisaïque, qui parle d'une façon et agit d'une autre! Plus d'un ministre de l'Évangile, au jour du jugement, sera confondu par cette accusation d'hypocrisie.

3° Vos péchés sont plus odieux que ceux des autres, parce que vous avez pris l'engagement solennel d'y renoncer. Outre vos engagements comme chrétiens, vous en avez beaucoup d'autres comme ministres. Combien de fois avez-vous proclamé la honte et le danger du péché! Combien de fois l'avez-vous menacé des jugements de Dieu! Combien de fois, par conséquent, vous êtes-vous engagés à y renoncer! Chaque sermon, chaque exhortation, chaque confession publique des péchés, vous imposaient l'obligation de ne plus en commettre. Toutes les fois que vous avez administré le baptême ou la sainte cène, vous avez déclaré implicitement que vous renonciez au monde et à la chair pour vous donner à Christ. Et cependant, après vous être si souvent élevés en témoignage contre la nature odieuse et condamnable du péché, après tant de professions et de protestations, vous le commettriez encore! Oh! quelle trahison, après l'avoir si souvent condamné en chaire, de l'entretenir encore dans votre cœur, et de lui donner la place qui n'est due qu'à Dieu!

VI. Prenez garde à vous-mêmes, parce que vous avez besoin de plus de grâces que les autres hommes pour accomplir l'œuvre importante dont vous êtes chargés.

Un homme exposé à de moins rudes épreuves peut fournir sa carrière avec une plus faible mesure de grâce ; il lui faut moins de force pour porter un fardeau moins pesant. Mais si vous voulez vous charger du poids immense du ministère, conduire les soldats de Christ contre Satan et ses auxiliaires, faire la guerre aux principautés et aux puissances de l'enfer, arracher les pécheurs aux chaînes du démon, n'espérez pas en venir à bout au moyen de faibles efforts. Si vous n'apportez à une telle œuvre qu'une âme faible et insouciante, vous serez couverts de plus de honte et de blessures plus cruelles, que si vous aviez suivi la carrière commune. Non seulement l'œuvre en elle-même exige de la vigilance, mais aussi l'ouvrier doit examiner s'il est propre à l'accomplir. On a vu des chrétiens qui jouissaient d'une honorable réputation de talents et de piété dans la vie privée, se couvrir de honte et de ridicule dans la magistrature ou dans l'armée, parce que la charge était au-dessus de leurs forces, parce que les tentations étaient trop grandes pour eux. De même, on en a vu qui, estimables comme hommes privés, ont embrassé la carrière du saint ministère, et, trop confiants dans leur capacité, sont devenus pour l'Église un inutile fardeau. Si donc vous voulez vous lancer au milieu des ennemis et supporter le poids et la chaleur du jour, prenez garde à vous-mêmes.

VII. Prenez garde à vous-mêmes, car c'est à votre garde qu'est particulièrement confiée l'honneur de votre Seigneur et de sa sainte doctrine.

Plus vous pouvez lui être utiles, plus aussi vous pouvez

lui faire de tort. Plus les hommes sont près de Dieu, plus ils peuvent le déshonorer par leur inconduite, parce que le vulgaire stupide attribue leurs fautes à Dieu même. De terribles jugements furent prononcés contre Héli et sa famille ; car, par le crime de ses fils, les offrandes du Seigneur étaient tombées dans le mépris. David, par sa conduite, encouragea les ennemis de Dieu à blasphémer contre lui, et Dieu lui infligea de terribles châtiments. Si vous êtes vraiment chrétiens, la gloire de Dieu vous sera plus chère que votre vie même, et vous ferez, pour la conserver, ce que vous feriez pour sauver votre vie. Ne seriez-vous pas blessés au cœur, si vous entendiez le nom de Dieu blasphémé à cause de vous, si les hommes disaient en vous voyant : « Voilà des ministres adonnés à l'avarice ou à l'ivrognerie ; voilà des hommes qui prêchent la pureté et qui sont aussi dissolus que les autres ; en dépit de leurs discours, ils ne valent pas mieux que nous. » Ah ! mes frères ! pourriez-vous souffrir de voir les hommes jeter la honte de vos iniquités à la face de Dieu, à la face de l'Évangile et de tous ceux qui craignent le Seigneur ? Pourriez-vous souffrir que votre inconduite exposât les véritables chrétiens à d'injustes reproches ? Si un des chefs du troupeau se laisse entraîner à quelque désordre scandaleux, est-il un seul chrétien désireux du salut qui n'en soit profondément affligé, et qui ne soit exposé aux reproches et aux outrages des impies pour des fautes qu'il déplore et qu'il déteste.

Vos fautes seront un sujet de triomphe pour toutes les familles dépourvues de piété ; les époux, les parents, les enfants, les serviteurs se diront les uns aux autres : « Voilà donc vos saints prédicateurs ! voilà le résultat de leur morale ! » *Il est impossible qu'il n'arrive pas de scandale, mais malheur à l'homme par qui le scandale arrive!* Prenez garde, mes frères, à chacune de vos paroles, à chacune de vos démarches ; car vous portez l'arche sainte ; l'honneur de Dieu vous est confié ! Vous connaissez la volonté de Dieu, l'excellence de ses commandements, la sainteté de sa loi ; « vous êtes les guides des aveugles, la lumière de ceux qui sont dans les ténèbres, les docteurs des ignorants et les maîtres des simples » ; si donc votre conduite est en opposition avec votre doctrine ; si, en violant la loi, vous déshonorez le Seigneur, le nom de Dieu sera blasphémé à cause de vous parmi les impies et les insensés (Rom.2.17-24). » Vous connaissez ce décret immuable du Très-Haut : « J'honorerai ceux qui m'honorent, mais ceux qui me méprisent seront dans le dernier mépris. » Un homme ne peut déshonorer Dieu sans se déshonorer lui-même. Dieu trouvera assez de moyens d'effacer la honte faite à son nom ; mais pour vous, vous ne laverez pas aussi facilement la souillure que vous aurez imprimée à votre front.

Enfin prenez garde à vous-mêmes ; car de cette vigilance dépend le succès de vos travaux.

Avant d'employer les hommes à une œuvre quelconque, Dieu leur donne les qualités nécessaires pour y travailler. Si l'œuvre du Seigneur n'est pas accomplie dans votre cœur, pouvez-vous espérer qu'il bénisse vos travaux pour l'achever dans le cœur des autres ? Certes, il peut le faire ; mais rien ne vous assure qu'il le veuille. Je vais maintenant essayer de vous prouver que Dieu bénit rarement les travaux de ceux qui ne sont pas sanctifiés.

1° Peut-on espérer que Dieu bénisse les efforts d'un

ministre qui ne travaille pas pour Dieu, mais pour lui-même ? car telle est la position de tout ministre qui n'est pas sanctifié. Il n'y a que les hommes sincèrement convertis qui fassent de Dieu leur unique fin, et qui travaillent avec zèle pour son honneur ; les autres ne regardent le ministère évangélique que comme une profession qui leur donne les moyens de vivre. Ils embrassent cette profession plutôt qu'une autre, parce que leurs parents les y ont destinés, parce que c'est une carrière qui leur fournit les moyens de s'instruire, qui exige d'eux peu de fatigues corporelles, qui leur attire le respect et la considération des hommes ; parce qu'ils regardent comme un honneur de conduire et d'instruire les autres, et de leur annoncer la loi de Dieu. C'est pour de tels motifs qu'ils sont ministres et prédicateurs, et, sans ces vues purement mondaines, ils renonceraient bientôt à leur vocation. Et peut-on espérer que Dieu bénisse les travaux de pareils ouvriers ? Ce n'est pas pour lui qu'ils prêchent, mais pour eux-mêmes, pour leur réputation ou pour leur avantage. Ce n'est pas Dieu qu'ils cherchent et qu'ils servent. Il n'est donc pas étonnant que Dieu les abandonne à leurs propres forces, que leurs travaux n'aient pas plus d'efficacité qu'ils ne peuvent eux-mêmes leur en donner, et que de leur parole il ne résulte pas plus de bien que la parole humaine n'en peut produire.

2° Peut-il obtenir autant de succès que les autres, celui qui ne travaille pas avec fidélité et avec zèle, qui ne croit point ce qu'il dit et qui n'est point véritablement pénétré, même quand il paraît le plus actif ? Croit-on qu'un homme non sanctifié puisse s'occuper sérieusement et cordialement à l'œuvre du ministère ? Sans doute, la croyance que la parole de Dieu est véritable peut lui donner un certain degré de gravité ; il peut d'ailleurs être animé d'une chaleur naturelle ou montrer du zèle par des motifs intéressés ; mais il est dépourvu de cette conviction sincère, de cette fidélité du vrai croyant qui ne recherche que la gloire de Dieu et le salut des hommes. O mes frères ! toutes vos prédications et toutes vos exhortations ne sont qu'une misérable hypocrisie, tant que l'œuvre de Dieu n'est pas accomplie dans votre cœur. Comment pourrez-vous travailler nuit et jour à une œuvre à laquelle vos cœurs charnels sont étrangers ? Comment pourrez-vous engager ardemment les pauvres pécheurs à se repentir et à retourner à Dieu, vous qui ne vous êtes jamais repentis ni convertis ? Comment pourrez-vous presser les pécheurs de s'abstenir du péché et de travailler à leur propre sanctification, vous qui n'avez jamais senti l'horreur du mal ni le prix de la sainteté ? Pour connaître ces sentiments, il faut les avoir éprouvés ; autrement vous n'en parlerez jamais avec conviction, vous ne les ferez jamais naître chez les autres. Comment pourrez-vous vous adresser aux pécheurs, le cœur ému de compassion, les yeux baignés de larmes, les priant au nom du Seigneur de s'arrêter, de retourner à Dieu pour avoir la vie, vous qui n'avez pas même pitié de votre âme, vous qui ne voulez point avoir la vie ? Pouvez-vous aimer les autres plus que vous-mêmes ? Pouvez-vous avoir pour eux plus de compassion que pour vous ? Serez-vous bien empressés à sauver les autres de l'enfer, si vous y croyez à peine ? Désirerez-vous sincèrement de conduire les âmes au ciel, si vous n'êtes pas bien convaincus de leur immortalité ? « Celui qui néglige son salut, dit Calvin, s'inquiétera peu de celui des autres. » Celui qui ne croit pas assez fermement à la parole de Dieu et à la vie à venir pour détacher son cœur des vanités du monde et pour travailler avec ardeur à son salut, ne travaillera pas avec plus d'ardeur au salut des autres. Celui qui ne craint pas de se damner lui-même, ne craindra pas de laisser les autres dans le chemin de la damnation ; celui qui, comme Judas, vend son maître pour de l'argent, ne se fera pas scrupule de regarder son troupeau comme une marchandise ; celui qui aime mieux renoncer à ses espérances célestes que d'abandonner ses plaisirs mondains, ne les abandonnera pas pour sauver les autres, et l'on ne doit pas confier le salut des âmes à celui qui vend la sienne au démon pour les joies passagères du péché. Pour moi, je le déclare, je ne confierai jamais « le soin et la conduite des âmes à celui qui ne prend pas garde à lui-même et qui néglige son propre salut. »

3° Est-il probable que celui qui est le serviteur de Satan combatte Satan de tout son pouvoir ? Sujet et citoyen du royaume des ténèbres, combattra-t-il sa propre patrie ? Allié du démon, sera-t-il fidèle à Christ ?

Et telle est en effet la position de tous les hommes non sanctifiés, quels que soient leur rang ou leur profession. Ils sont les serviteurs de Satan, les sujets de son royaume, les esclaves de sa volonté, et par conséquent ils ne peuvent être fidèles à Christ. Voilà ce qui a fait de tant de prédicateurs des ennemis de cet Évangile qu'ils prétendent prêcher. Il n'est point étonnant qu'ils tournent en dérision la pieuse obéissance des fidèles, et que, prêchant la sainteté, ils raillent ceux qui la pratiquent. Combien de traîtres dans tous les âges de l'Église, qui, enrôlés sous la bannière de Christ, lui ont fait plus de mal que s'ils eussent été ses ennemis déclarés ! Ils annoncent Jésus-Christ, ils prêchent la piété ; mais ils font tout ce qu'ils peuvent pour les déshonorer, et pour faire croire aux hommes que ceux qui cherchent Dieu de tout leur cœur sont des enthousiastes ou des hypocrites. Ce sont des loups ravisseurs chargés de conduire un troupeau. S'il s'est trouvé un traître parmi les douze apôtres de Jésus-Christ, ne nous étonnons pas qu'il s'en trouve tant de nos jours. L'esclave de Satan, « qui a son ventre pour Dieu, qui attache ses affections aux choses de la terre, est l'ennemi de la croix de Christ. » Il peut prêcher avec gravité et faire extérieurement profession de la religion ; mais s'il n'est pas ferme dans la foi, entièrement dévoué à Christ, il peut être enchaîné dans les liens de Satan par la mondanité, par l'orgueil, par un secret éloignement de la piété, aussi fortement que les autres le sont par l'ivrognerie, l'impureté et les autres vices scandaleux. Les Publicains et les gens de mauvaise vie entrent dans le royaume de Dieu plus facilement que les Pharisiens, parce qu'ils sont plus facilement convaincus de leurs péchés et de leur misère.

Plusieurs de ces ministres paraissent d'excellents prédicateurs, et s'élèvent contre le péché aussi fortement que les autres ; mais ils n'ont que l'apparence du zèle, et toute leur piété s'exhale en vaines paroles ; car celui qui nourrit le péché dans son cœur ne l'attaquera jamais sérieusement. Je sais qu'un homme corrompu peut paraître plus désireux de réformer les autres que de se réformer lui-même, parce qu'il lui est plus facile de prêcher contre le péché que d'y renoncer ; aussi voit-on des ministres ou des parents corrompus donner d'excellentes leçons à leurs fidèles ou à leurs enfants. Néanmoins, malgré ce zèle apparent, ils n'ont rien de cette ardeur, de cette résolution qui ne se trouvent que chez les fidèles serviteurs de Christ. Ils ne font pas la guerre au péché comme à l'ennemi de Dieu, comme au destructeur des âmes. Ce sont des traîtres qui tirent sur l'ennemi avec des armes chargées à poudre ; ils font du bruit, mais point de mal. Ils tonnent contre le péché avec une ferveur affectée, mais ils ne font aucun ravage dans l'armée de Satan. Pour combattre avec ardeur, il faut haïr son ennemi, et un homme irrégénéré, loin de haïr le péché, le regarde comme son bien le plus précieux. Il est donc évident que celui qui n'est point sanctifié, et qui aime l'ennemi de Christ, ne peut commander son armée. Esclave du monde et de la chair, il ne peut efficacement engager les autres à y renoncer.

4° Si la conduite d'un ministre est en opposition avec sa prédication, ses auditeurs ne feront aucun cas de sa doctrine ; s'il n'est pas lui-même persuadé, il ne persuadera pas les autres. Si un homme vous pressait de vous sauver pour échapper à la poursuite d'un ennemi ou d'une bête féroce, et si lui-même ne précipitait point ses pas, vous croiriez naturellement qu'il plaisante et qu'il n'y a point de danger. Quand un prédicateur vous dit que « sans la sanctification nul ne verra le Seigneur, » et qu'il n'est pas lui-même sanctifié, vous êtes fondés à penser qu'il ne parle ainsi que pour passer le temps, ou pour gagner son argent. En vain élèverez-vous les mains et la voix contre le péché, les hommes ne le croiront jamais si dangereux que vous le dites. Ils seront plutôt tentés de le regarder comme un bien dont vous voulez les dégoûter, pour vous l'approprier tout entier. Ils ont des yeux aussi bien que des oreilles, et s'en rapporteront plutôt à la vue qu'à l'ouïe, pour juger de vos véritables intentions. Si vous passez votre vie dans l'avidité ou dans l'indolence, vous encouragez ces vices par votre exemple ; si vous buvez, si vous jouez, si vous perdez votre temps à de frivoles conversations, c'est comme si vous disiez à vos auditeurs : « Voilà la vie que vous devez mener, vous pouvez vous y hasarder sans crainte. » Si vous n'élevez pas votre famille dans la crainte de Dieu, si vous ne blâmez point les péchés de ceux avec qui vous vous trouvez, si vous ne cherchez pas à les détourner de leurs futiles entretiens pour leur parler du salut, c'est comme si vous leur déclariez que le soin de leur salut est inutile, et qu'ils peuvent hardiment imiter votre conduite. Vous faites pis encore ; vous leur apprenez à mal penser de ceux qui sont meilleurs que vous ; vous exposez à la haine et aux reproches plus d'un ministre fidèle, plus d'un chrétien sincère. « Eh quoi ! leur dira-t-on, pourquoi cette sévérité outrée ? pourquoi nous parler sans cesse de péché et de devoir, tandis que tel autre ministre, aussi savant que vous, aussi bon prédicateur que vous, se divertit et plaisante avec nous, nous laisse tranquilles et ne nous importune pas de pareils discours ? Vous faites plus de bruit qu'il ne faut ; vous aimez à nous menacer de l'enfer et de la damnation, tandis que d'autres théologiens raisonnables, prudents et éclairés, se tiennent tranquilles et vivent avec nous comme les autres hommes. »

Telles sont les pensées, tels sont les discours auxquels votre négligence donne lieu. Les hommes vous permettront volontiers de prêcher contre le péché et de recommander la piété tant que vous serez en chaire, si vous voulez ensuite les laisser tranquilles, vous égayer avec eux, parler et agir comme eux, et vous mêler à leurs frivoles entretiens.

Ils regardent la chaire comme un théâtre sur lequel les prédicateurs jouent leur rôle, comme un lieu où ils peuvent pendant une heure dire tout ce qu'il leur plaît ; mais ils n'en font aucun cas ; il faudrait apparemment que les ministres vinssent leur dire à eux-mêmes et en face que leurs exhortations étaient sérieuses. Quel bien peut opérer un ministre qui prêche pour Jésus-Christ pendant une heure, le jour du sabbat, et qui, par sa conduite, prêche contre lui toute la semaine, démentant par sa vie privée ses discours publics ?

Et quand même quelques-uns des fidèles seraient assez sages pour ne pas suivre les mauvais exemples de leurs pasteurs, ces mauvais exemples ne tendront pas moins à détruire l'effet de leur doctrine. Quoiqu'une nourriture soit bonne et saine, bien des gens ne la prendront qu'avec dégoût, si elle est apprêtée ou servie par des personnes sales ou malsaines. Prenez donc garde à vous-mêmes, si vous voulez faire du bien aux autres. Enfin, considérez que le succès de vos travaux dépend de l'assistance et de la bénédiction du Seigneur. Or, le Seigneur n'a promis nulle part son assistance et sa bénédiction aux impies ; il les a promises à l'Église, mais non à eux. Il a promis à ses serviteurs fidèles qu'il sera avec eux, qu'il mettra son Esprit sur eux, et que « Satan tombera du ciel devant eux comme un éclair. »

Mais une seule de ces promesses s'adresse-t-elle aux ministres impies ? Bien plus, par votre hypocrisie et par vos outrages envers Dieu, ne le provoquez-vous pas à vous abandonner, à frapper d'impuissance toutes vos prédications, du moins pour ce qui concerne votre salut, quoiqu'il puisse les bénir pour celui de ses élus ? Sans doute, Dieu peut faire servir des ministres corrompus au bien de son Église ; mais ses serviteurs fidèles ont seuls le droit de compter sur sa bénédiction.

Et ce que j'ai dit des ministres impies s'applique également aux prédicateurs pieux, lorsqu'ils se laissent entraîner à quelque désordre ; plus leurs fautes sont graves et fréquentes, plus leurs efforts sont impuissants.

II
LA SURVEILLANCE DU TROUPEAU

1. Nature de cette surveillance

Après vous avoir montré ce que c'est que prendre garde à vous-mêmes, je vais vous exposer ce que c'est que prendre garde à tout le troupeau.

Il était nécessaire de vous faire voir d'abord ce que nous devons être et ce que nous devons faire pour notre âme, avant de considérer quels sont nos devoirs à l'égard des autres : « En guérissant les blessures des autres pour leur salut, ne négligeons pas le nôtre ; en aidant aux autres, ne nous abandonnons pas nous-mêmes ; en les relevant, prenons garde de tomber[a]. » Oui, tous nos travaux peuvent être perdus, si notre cœur et notre vie ne les soutiennent pas. « Il y a des hommes qui étudient soigneusement les

---

a. Gregor., *De cura Pastor.* lib. IV.

préceptes spirituels, mais qui détruisent par leur manière de vivre tout le fruit de leurs enseignements ; ils s'instruisent par la méditation mais non par la pratique ; ils prêchent la vérité, mais ils la combattent par leurs actions ; d'où il résulte que le pasteur et le troupeau se précipitent ensemble dans l'abîme[a]. » Nous menons nos brebis aux sources d'eaux vives, mais si nous souillons ces sources par l'impureté de notre conduite, notre troupeau ne peut plus s'y désaltérer.

1°. Avant d'exposer l'œuvre que nous avons à faire, déterminons d'abord le sens des paroles de ce passage. Ce texte implique que chaque troupeau doit avoir son pasteur, et chaque pasteur son troupeau. Comme dans un régiment chaque compagnie doit avoir son capitaine et ses officiers, comme chaque soldat doit connaître son chef et son drapeau, de même Dieu veut que chaque église ait son pasteur, et que tous les disciples de Christ connaissent ceux qui sont chargés de les instruire selon le Seigneur. Quoiqu'un ministre soit un des chefs de l'Église universelle, cependant il est le surveillant spécial de l'Église particulière confiée à sa charge. Quand nous sommes consacrés au saint ministère, mais sans emploi particulier, nous devons travailler de notre mieux pour le bien de tous, selon que l'occasion se présente de faire usage de nos dons spirituels ; mais quand nous avons une église particulière, nous devons restreindre l'exercice de notre activité à cette congrégation ; nous ne devons accorder aux autres églises que les soins qui ne sont pas indispensables à la nôtre, à moins que le bien public, que nous devons considérer avant tout, n'exige le contraire. De cette relation entre le

---

a. *Ibid.*

pasteur et le troupeau dérivent tous les devoirs auxquels ils sont tenus réciproquement.

2°. Quand on nous commande de prendre garde à tout le troupeau, on suppose nécessairement que le troupeau n'est pas trop nombreux pour que nous puissions le surveiller. Dieu ne nous demande pas l'impossible et ne nous impose point des travaux qui soient au-dessus de la puissance humaine. Si le devoir du pasteur consiste à surveiller tout le troupeau, il faut que le nombre des âmes confiées à sa charge ne soit pas assez considérable pour rendre cette surveillance impossible. Dieu exigera-t-il d'un évêque qu'il se charge de la conduite spirituelle de toute une province, ou de plusieurs paroisses si nombreuses qu'il puisse à peine les connaître ou les visiter ? Il ne lui redemandera pas le sang de tant de fidèles, s'il n'a pas fait ce à quoi plusieurs centaines d'hommes ne pourraient pas suffire. Quel est donc l'aveuglement des prélats ! N'est-il pas déplorable de voir des hommes instruits et sensés regarder comme un privilège d'être chargés d'une aussi grave responsabilité, et s'imposer sans crainte un fardeau si redoutable ? Combien il eût été heureux pour l'Église et pour les évêques eux-mêmes, que l'on eût suivi le conseil que donne ici l'apôtre ; combien il serait à souhaiter que les diocèses ne fussent pas trop étendus pour que les anciens et les évêques pussent les surveiller et prendre garde à tout le troupeau ; que les pasteurs se multipliassent aussi bien que les églises ; que le nombre des surveillants fût proportionné à celui des âmes, afin que, tout en se revêtant de vains titres, ils ne laissassent pas leur tâche inaccomplie ! Qu'il serait désirable qu'ils eussent prié le Seigneur d'envoyer un plus grand nombre d'ouvriers dans la moisson, au lieu de vouloir s'en charger eux-mêmes ! quelles que soient les forces et les facultés d'un homme, il y aurait de sa part de l'imprudence et de la présomption à entreprendre, au risque de sa damnation, la moisson spirituelle de toute une province.

Mais, pourra-t-on me dire, il y en a plusieurs qui enseignent, tandis qu'un seul surveille. Grâces à Dieu, cela est vrai ; mais l'on ne doit en savoir aucun gré à la plupart des prélats. — Cependant le gouvernement des âmes n'est-il pas aussi indispensable que la prédication ? S'il ne l'est pas, l'Église n'a pas besoin de gouverneurs ; s'il l'est, ceux qui l'annulent en entreprenant l'impossible se perdent et perdent les églises avec eux. Si la prédication seule suffit, n'ayons que des prédicateurs et ne faisons plus tant de bruit du gouvernement de l'Église. Mais si la discipline est également nécessaire, on compromet le salut des âmes en la rendant impossible, et on la rend impossible en la confiant à des hommes incapables de l'exercer. Si un général voulait se charger seul du commandement de toute une armée, l'armée serait détruite faute de commandement ; si un instituteur voulait diriger seul toutes les écoles d'une province, autant vaudrait les laisser sans directeur. Que dirait-on enfin d'un médecin qui voudrait soigner tous les malades d'une ville, dont il pourrait à peine visiter la centième partie ? Autant vaudrait les laisser périr sans secours.

On doit avouer cependant que dans le cas d'une nécessité absolue, un homme peut se charger de conduire un plus grand nombre de fidèles qu'il n'en peut surveiller. C'est ce qui nous arrive lorsque nous avons à administrer une paroisse trop considérable. Pour moi, loin d'être assez présomptueux pour me charger du gouvernement ecclésiastique d'un comté, je n'aurais pas voulu pour tout au monde entreprendre, même avec un second, tout le travail que Dieu demande dans la paroisse où je suis ; mais, ce qui rassure ma conscience, c'est que, faute de ministres, on ne pouvait pas faire autrement, et j'ai dû faire tout ce que je pouvais, quoique je ne pusse pas tout faire. Mais les cas de nécessité absolue ne sont pas la condition ordinaire de l'Église, et il serait fâcheux qu'il en fût ainsi. Heureuse l'Église de Christ, si les ouvriers étaient habiles, fidèles et proportionnés au nombre des âmes, si les pasteurs étaient assez nombreux, ou les églises assez petites, pour que nous puissions prendre garde à tout le troupeau !

En supposant que telle soit notre position, nous allons examiner en quoi consiste ce devoir de prendre garde à tout le troupeau.

Il s'agit, comme-vous voyez, de tout le troupeau, de tous les membres de notre église. En conséquence, nous devons connaître toutes les personnes qui en font partie ; car sans cela, comment pouvons-nous prendre garde à elles ? Nous ne devons pas seulement chercher à connaître tous les membres de notre troupeau ; mais nous devons aussi nous informer de leur situation, de leurs inclinations, de leurs habitudes, des tentations auxquelles ils sont le plus exposés, des devoirs qu'ils sont le plus enclins à négliger ; car, pour traiter un malade avec succès, il faut connaître son tempérament et sa maladie.

Une fois que nous connaissons tout notre troupeau, nous devons le surveiller soigneusement. Cela est si évident, qu'il semble que nous ayons à peine besoin d'en donner d'autres preuves. Un bon berger ne veille-t-il pas attentivement sur chacune de ses brebis ? Un instituteur habile ne surveille-t-il pas avec soin chacun de ses écoliers ? Un médecin ne va-t-il pas visiter chacun de ses malades ? Un bon général ne s'occupe-t-il pas de tous ses soldats ? Et nous, qui sommes les bergers, les instituteurs, les médecins, les guides des églises de Christ, ne devons-nous pas prendre garde à chacun des fidèles confiés à notre charge ? Jésus-Christ lui-même, le souverain pasteur, préposé à la garde de tout le troupeau, prend aussi soin de chacune de ses brebis ; comme le berger de la parabole, « qui laisse ses quatre-vingt-dix-neuf brebis dans le Désert pour aller chercher celle qui est perdue. » Souvent les prophètes furent chargés d'une mission particulière. Ezéchiel reçut l'ordre de veiller sur les individus et de dire au méchant : « Tu mourras certainement. » Paul instruisait les chrétiens, non seulement en public, mais de maison en maison : « Il avertissait et instruisait *chaque homme* en toute sagesse, afin de rendre tout homme parfait en Jésus-Christ. » Une foule d'autres passages de l'Écriture-Sainte prouvent qu'il est de notre devoir de prendre garde à chaque membre de notre troupeau ; et plusieurs articles des anciens conciles montrent que telle était la pratique de l'Église primitive. Nous nous bornerons à citer ces paroles d'Ignace : « Convoquez fréquemment des assemblées ; connaissez tous les fidèles, chacun par son nom ; ne dédaignez pas les serviteurs et les servantes. » C'était donc un devoir de surveiller en particulier chaque membre du troupeau, sans en excepter les fidèles de la plus humble condition.

Mais, dira quelqu'un, la congrégation sur laquelle je suis établi est si nombreuse qu'il m'est impossible d'en connaître tous les membres, et encore moins de m'occuper de tous individuellement.

A cela je répondrai : Est-ce ou non la nécessité qui vous a imposé une administration aussi étendue ? Si ce n'est pas la nécessité, vous excusez une faute par une autre. Comment avez-vous osé, sans y être forcé, entreprendre une œuvre que vous ne vous sentiez pas capable d'accomplir ? Et si vous étiez forcé de l'entreprendre, n'auriez-vous pas pu vous procurer un aide pour vous seconder ? Avez-vous fait tout ce que vous avez pu auprès de vos amis ou de vos voisins, pour obtenir les moyens de vous faire aider par un autre ? Vos ressources ne sont-elles pas suffisantes pour cela ? Quand vous devriez vous imposer des privations, ainsi qu'à votre famille, cela ne serait-il pas plus juste et plus raisonnable que de vous charger seul d'une tâche au-dessus de vos forces, et de négliger les âmes qui vous sont confiées ? Je sais que cela paraîtra dur à quelques-uns de vous, mais il est pour moi hors de doute que si vous n'avez qu'un modique salaire, il est de votre devoir de partager cette somme avec un collaborateur, plutôt que de négliger le troupeau confié à vos soins. Si vous me dites que ce sacrifice est pénible, que votre femme et vos enfants ne peuvent pas vivre ainsi, je vous répondrai : 1° Plusieurs familles de votre paroisse ne vivent-elles pas avec moins ? 2° Dans notre pays, lorsque les ministres étaient sous la dépendance des prélats, plusieurs d'entre eux ne se sont-ils pas contentés de ressources encore plus faibles, pour avoir la liberté de prêcher l'Évangile ? Plusieurs même, satisfaits de cette liberté, ne se sont-ils pas engagés à prêcher gratuitement? 3° Si vous me dites que vous ne pouvez pas vivre aussi étroitement que les pauvres, je vous demanderai s'il ne vaut pas mieux que vous supportiez la pauvreté, que d'exposer vos paroissiens à une damnation éternelle? Quoi! vous vous appelez ministres de l'Évangile, et vous attachez si peu de prix aux âmes, que vous aimeriez mieux les voir périr éternellement que de vivre avec vos familles dans une condition humble et même difficile! Vous devriez mendier votre pain, plutôt que d'entraver une affaire aussi importante que le salut des hommes, plutôt que de risquer la perte d'un seul. O mes frères! C'est une chose déplorable de parler du ciel et de l'enfer, du petit nombre des élus, de la difficulté du salut, et d'en parler sans conviction. Car si vous étiez bien convaincus, vous ne laisseriez pas périr votre troupeau, afin de vivre vous-mêmes avec plus d'aisance. Songez à cela, la première fois que vous prêcherez la nécessité de la connaissance pour le salut; et votre conscience vous dira que vos paroissiens pourraient acquérir cette connaissance au moyen d'instructions et d'exhortations particulières, si vous aviez un collaborateur, et si vous vouliez pour cela vous imposer quelques privations. Oserez-vous alors laisser votre troupeau dans cette ignorance qui doit le conduire à sa perte?

Faut-il recourir à la Bible, pour vous montrer que l'âme d'un homme est plus précieuse qu'un monde, plus précieuse par conséquent que votre salaire annuel? Faut-il vous rappeler que nos biens et nos personnes appartiennent à Dieu et doivent être consacrés à son service? Faut-il vous représenter combien il est cruel de laisser périr les âmes, pour que votre famille vive un peu plus doucement? Dieu se sert d'instruments humains pour opérer le salut des hommes, et vous pourriez y contribuer, en mortifiant cette chair que tous les vrais serviteurs de Christ crucifient avec ses convoitises. Nous devons rendre à Dieu tout ce qui lui appartient, c'est-à-dire tout ce que nous possédons. Nous ne pouvons sanctifier toutes choses qu'en les consacrant à Dieu : nous les avons reçues de lui, nous devons les faire servir à sa gloire. Comment donc puis-je le plus utilement consacrer à Dieu tout ce que je possède ? Voilà ce que chacun de nous doit se demander ; voilà ce que nous prêchons aux fidèles, et cela est vrai pour nous comme pour eux. De plus, les biens que l'Église nous accorde pour notre subsistance doivent être spécialement affectés au service de Dieu, pour le bien de l'Église : c'est pour nous un devoir rigoureux de les destiner à cette fin. Si un ministre qui a un certain revenu par an peut me prouver que la moitié de cette somme sera employée pour ses besoins et pour ceux de sa famille, plus utilement que s'il la consacrait à payer un collaborateur capable de contribuer au salut du troupeau, je me garderai de trouver à redire à ses dépenses ; mais s'il ne peut me le prouver, il est inexcusable à mes yeux. J'ajouterai que cette pauvreté est loin d'être aussi intolérable et aussi douloureuse qu'on le prétend. Si vous avez la nourriture et le vêtement, vous devez être satisfaits ; si vous avez ce qu'il faut pour travailler à l'œuvre de Dieu, vous ne devez rien désirer de plus. Nous n'avez besoin pour cela ni d'habits magnifiques, ni d'une table somptueuse. La vie d'un homme ne consiste pas dans l'abondance des choses qu'il possède. » Si vos vêtements suffisent pour vous garantir du froid, si votre nourriture est saine, vous pouvez vous rendre aussi utiles dans l'œuvre de Dieu que si tous les désirs de votre chair étaient plus amplement satisfaits. Un habit raccommodé peut vous tenir chaudement ; la nourriture la plus simple est aussi la plus saine. Si vous avez ce strict nécessaire, vous êtes inexcusables de compromettre le salut des âmes, pour vivre d'une manière plus conforme à vos goûts.

Si notre devoir est de prendre garde à tout le troupeau, nous devons surtout faire attention à quelques classes particulières de fidèles. Comme ce devoir est imparfaitement compris par beaucoup de ministres, nous nous y arrêterons.

I. Nous devons travailler particulièrement à la conversion de ceux qui ne sont point convertis.

L'œuvre de la conversion est notre grand but : c'est là que doivent tendre tous nos efforts. La condition des hommes non convertis est si misérable, qu'elle doit exciter toute notre commisération. Si un chrétien *véritablement converti* commet un péché, ce péché sera de nature à pouvoir lui être pardonné, et ne l'exposera pas à la damnation comme les péchés commis par les autres. Ce n'est pas que Dieu ait moins de haine pour les péchés des hommes convertis que pour les péchés des autres, ni qu'il doive les recevoir dans le ciel, quel que soit le désordre de leur vie ; mais l'esprit qui est en eux ne leur permet pas de vivre dans la pratique du mal ni de pécher comme les impies. Bien différente est la condition de ceux qui ne sont point convertis. Ils sont dans « un fiel très amer et dans les liens de l'iniquité ; » ils ne participent point au pardon du péché ni à l'espérance de la gloire. L'œuvre que nous avons à faire pour eux est donc plus urgente. « Il faut que nous leur ouvrions les yeux, que nous les ramenions des ténèbres à la lumière, de la puissance de Satan à celle de Dieu, afin qu'ils reçoivent le pardon de leurs péchés et qu'ils aient part à l'héritage de ceux qui sont sanctifiés. » (Actes.26.18) Un homme en proie à une maladie mortelle excite plus de compassion que celui qui éprouve une indisposition passagère ; il réclame de notre part des secours plus empressés, lors même qu'il nous est étranger. Il est si affreux de voir les hommes sous le poids de la damnation, de penser qu'ils peuvent mourir dans cet état et souffrir les peines éternelles, que nous ne pouvons pas les abandonner ainsi ; car les sauver est le plus pressant de nos devoirs. J'avoue que je suis quelquefois forcé de négliger ce qui pourrait augmenter l'instruction des chrétiens pieux, quand je vois la situation épouvantable de ceux qui ne sont pas convertis. Qui pourrait s'occuper de controverses, de points difficiles et contestés, de certaines vérités moins importantes, malgré leur excellence, quand il a sous les yeux une multitude de pécheurs ignorants, charnels, corrompus, qui, s'ils ne sont convertis, doivent être damnés ? Je crois les voir se précipiter dans les supplices éternels ! Il me semble entendre leurs voix déchirantes implorer du secours ! Leur malheur me parle d'autant plus haut que leur cœur est mort et qu'ils ne songent pas eux-mêmes à demander assistance. Plus d'une fois j'ai prêché devant des auditeurs d'un goût difficile, et qui paraissaient disposés à me regarder avec mépris si je ne traitais pas des sujets d'un ordre élevé ; mais jamais, pour les satisfaire, je n'ai pu me résoudre à abandonner les pécheurs impénitents ; jamais, même pour affermir des hommes pieux dans la connaissance et dans la grâce, je n'ai pu me décider à cesser de parler du salut aux pauvres pécheurs. Comme l'esprit de saint Paul était ému « au dedans de lui à la vue des Athéniens plongés dans l'idolâtrie, » de même nous devons être effrayés à la vue de tant de pécheurs en danger de se perdre éternellement. Si nous les voyions aux portes de l'enfer, nos langues se délieraient plus vite que celle du fils de Crésus, à la vue du danger de son père. Celui qui laisse un pécheur aller en enfer faute de l'avertir, attache moins de prix aux âmes que notre divin Rédempteur ; il déteste son prochain à l'égal de son plus cruel ennemi. Par conséquent, mes frères, qui que ce soit que vous négligiez, ne négligez pas les plus misérables. Si vous oubliez quelqu'un, que ce ne soit pas les pauvres âmes qui sont sous la condamnation et sous la malédiction de la loi, et qui peuvent s'attendre à chaque instant à voir leur sentence exécutée si un prompt changement ne les sauve. Attachez-vous donc aux pécheurs impénitents ; poursuivez cette grande œuvre de la conversion des âmes, quand vous devriez laisser imparfaites d'autres parties de votre tâche.

II. Nous devons être préparés à donner des avis à ceux qui viennent nous consulter sur des cas de conscience, particulièrement à ceux qui viennent nous demander, comme les Juifs à saint Pierre ou comme le geôlier à Paul et à Silas : « Que devons-nous faire pour être sauvés ? »

Un ministre n'est pas seulement destiné à annoncer à ses fidèles la parole de Dieu, mais il doit être pour leurs âmes ce qu'est le médecin pour leurs corps, et l'homme de loi pour leurs biens ; un conseiller toujours prêt à résoudre leurs difficultés et à lever leurs doutes ; car ils viennent à lui comme Nicodème allait à Christ, comme les anciens Juifs allaient au sacrificateur « dont les lèvres gardaient la science, et recherchaient la loi de sa bouche, parce qu'il était l'ange de l'Éternel. » (Mal.2.7) Mais comme nos fidèles connaissent peu ce devoir pastoral et leurs propres besoins, nous devons les en instruire et les engager à venir nous demander des conseils sur les intérêts de leurs âmes. Nous devons non seulement les recevoir quand ils viennent, mais encore les aller chercher. Que de bien nous pourrions faire par ce moyen! Et tel en serait sans aucun doute le résultat, si nous faisions tout notre devoir, que nous négligeons trop souvent. Il est douloureux de voir tant d'âmes se perdre par l'incurie des pasteurs qui ne les instruisent ni de leurs obligations ni de leurs besoins. Si les fidèles en connaissaient toute l'importance, ils viendraient plus fréquemment frapper à votre porte, pour vous exposer leurs douleurs et vous demander vos conseils. Priez-les donc instamment de venir à vous, et recevez-les avec empressement quand ils implorent votre secours. Pour cela, il est nécessaire que vous soyez familiarisés avec l'expérience chrétienne, avec la nature de la grâce sanctifiante, et que vous soyez en état d'aider les pécheurs, en leur expliquant les grandes doctrines du salut éternel. Un bon conseil donné à propos par un ministre peut être plus utile que bien des sermons. « Une parole dite à propos est excellente, » nous dit Salomon.

III. Nous devons nous appliquer à édifier ceux qui sont véritablement convertis. Sous ce rapport, notre tâche varie suivant l'état où se trouvent les chrétiens :

1°. La plupart de nos fidèles sont encore faibles et peu avancés, quoiqu'ils aient longtemps fait profession de piété. Il est bien difficile de les fortifier et de leur faire faire des progrès. Il est facile de les amener à des opinions différentes de celles qu'ils ont, et même de leur donner des idées exagérées dans un sens ou dans un autre ; mais accroître véritablement leurs connaissances, et surtout étendre leurs grâces, voilà la plus grande difficulté. Il est triste pour les chrétiens d'être faibles ; cet état les expose au danger, les prive de leurs consolations, les empêche de sentir la douceur des voies de la sagesse, et les rend moins utiles à Dieu et aux hommes. Puisque cette faiblesse est pour les chrétiens un état si fâcheux, nous devons nous efforcer d'alimenter et d'augmenter leurs grâces. La force des chrétiens fait la gloire de l'Église. Quand ils sont enflammés de l'amour de Dieu et animés d'une foi vive ; quand ils méprisent les avantages et les honneurs du monde ; quand, embrasés d'une charité ardente, ils peuvent supporter les injures et tout souffrir pour la cause de Christ ; quand ils sont prêts à être les serviteurs de tous les hommes pour leur bien, et à se faire tout à tous pour les gagner à Christ ; quand ils s'abstiennent de l'apparence même du mal et qu'ils assaisonnent toutes leurs actions de prudence, d'humilité, de zèle, d'abnégation ; quelle gloire pour la religion ! quel honneur pour l'Église ! quelle utilité pour les hommes ! prix infini aux yeux de Dieu ! Les hommes seraient bien plus disposés à croire à la Divinité de l'Évangile, si tous ceux qui professent le christianisme portaient de tels fruits. C'est donc une partie essentielle de notre tâche, de perfectionner la piété des fidèles, de les fortifier dans le Seigneur, et de les rendre plus propres au service de leur divin maître.

2°. Il est une autre classe de chrétiens qui réclame aussi notre attention particulière : nous voulons parler de ceux qui sont dominés par quelque mauvaise passion qui les rend dangereux pour les autres et à charge à eux-mêmes. Cette classe est malheureusement trop nombreuse ! Les uns sont adonnés à l'orgueil, les autres à la mondanité ; ceux-ci sont esclaves de leurs sens, ceux-là de quelque autre passion coupable. Nous devons aller à leur secours, soit en les exhortant, soit en leur exposant la nature odieuse du péché, soit en leur donnant les conseils les plus efficaces, pour leur apprendre à triompher de leurs passions dominantes. Chargés de conduire l'armée de Christ contre les puissances de l'enfer, nous devons combattre les œuvres des ténèbres partout où nous les trouvons, même chez les enfants de lumière. Nous ne devons pas plus ménager les péchés des chrétiens que ceux des impies. Plus nous aimons leurs personnes, plus nous devons nous élever contre leurs péchés. Nous en trouverons sans doute quelques-uns qui, fortement dominés par leurs mauvaises passions, recevront nos reproches aussi impatiemment que les méchants eux-mêmes. Mais malgré leur impatience et leur mauvaise humeur, nous devons faire notre devoir ; nous ne devons pas être assez indifférents au salut de nos frères pour les laisser s'abandonner au péché faute d'exhortations. Sans doute, ce devoir exige de la prudence, mais il doit être accompli.

3°. Une autre classe encore réclame aussi tous nos soins : ce sont les chrétiens dont la piété diminue, ceux qui, faute de zèle et de vigilance, sont tombés dans quelque désordre, et ont perdu leur première charité ; comme ces rechutes sont déplorables, nous devons tout faire pour y remédier. Il est triste pour ces chrétiens d'être déchus de leur vie spirituelle, de leur paix, de leur dévouement à Dieu, et de servir ainsi la cause de Satan ! Il est triste pour nous de voir si peu de fruits après tant d'efforts, nos travaux perdus et nos espérances jusqu'à ce point trompées ! Mais ce qui doit surtout nous affliger, c'est que Dieu soit déshonoré par ceux qu'il a tant aimés, c'est que Christ soit « blessé, outragé dans la maison de ceux qui l'aiment (Zach.13.6). » Il y a plus : ces rechutes partielles tendent naturellement à une complète apostasie, et y conduiraient infailliblement sans le secours d'une grâce spéciale.

Plus cette position est affligeante, plus nous devons nous efforcer d'y porter remède. Nous devons relever avec douceur ceux qui sont tombés dans quelque faute » (Gal.6.1) ; veillons surtout, quelque peine qu'il en coûte, à ce que la plaie soit bien sondée, et la blessure bien cicatrisée. Pour la gloire de l'Évangile, il faut que ces chrétiens donnent des preuves évidentes de leur repentir, qu'ils confessent sincèrement leur péché, et qu'ils réparent ainsi en quelque sorte le mal qu'ils ont fait à l'Église et à la religion. La pratique de ce devoir exige de notre part beaucoup d'adresse et de prudence.

4°. La dernière classe dont nous parlerons est celle des chrétiens avancés dans la piété. Nous leur devons aussi nos soins pour entretenir leurs grâces, pour leur faire faire de nouveaux progrès, pour leur apprendre à employer leurs forces au service de Christ et à l'avancement de leurs frères ; enfin pour les maintenir dans la persévérance, afin qu'ils reçoivent la couronne de gloire. Telles sont quelques-unes des personnes qui font l'objet de notre tâche : tels sont les devoirs qu'implique cette exhortation de l'apôtre : « Prenez garde à tout le troupeau. »

IV. Nous devons particulièrement surveiller les familles, nous assurer si elles sont bien dirigées, et si chaque membre remplit ses devoirs.

La vie de la religion, la prospérité et la gloire de l'Église et de l'État dépendent en grande partie du gouvernement et de la conduite des familles. Si nous souffrons que nos fidèles négligent leurs devoirs domestiques, nous détruisons notre propre ouvrage. Que pouvons-nous faire par nous-mêmes pour réformer une congrégation, si nous sommes seuls à porter tout le fardeau, si les chefs de famille négligent de nous seconder ? Une famille mondaine et sans piété peut détruire tout le bien que nous aurons fait à un de ses membres. Si au contraire les chefs de famille faisaient leur devoir, s'ils continuaient l'œuvre que nous avons commencée, que d'avantages immenses en résulteraient ! Je vous en conjure donc, si vous désirez la réformation et la prospérité de votre troupeau, faites tous vos efforts pour encourager la religion domestique. Dans ce but, faites attention aux instructions suivantes :

1°. Informez-vous de la manière dont chaque famille est conduite, afin de savoir comment vous pourrez lui être le plus utile.

2°. Visitez vos fidèles au moment que vous croirez le plus opportun, et demandez au chef de la famille s'il prie avec elle et s'il lui lit l'Écriture-Sainte ? S'il le néglige, faites-lui sentir combien il est coupable ; faites une prière en commun avant de vous retirer, et montrez aux membres de la famille l'exemple que vous désirez qu'ils suivent ; peut-être obtiendrez-vous de leur part l'engagement de mieux remplir leur devoir à l'avenir.

3°. Si quelques-uns, par ignorance ou par défaut d'habitude, sont incapables de prier, engagez-les à étudier leurs besoins et à s'en bien pénétrer ; conseillez-leur, en attendant, de se servir d'un formulaire de prières, plutôt que de rester sans prier. Qu'ils sentent combien leur négligence est honteuse et coupable, et combien ils sont blâmables d'ignorer leurs besoins au point de ne pas pouvoir les exposer à Dieu, quand les mendiants mêmes savent trouver des paroles pour demander l'aumône. Dites-leur qu'un formulaire de prières n'est qu'un moyen de suppléer à leur faiblesse, tant qu'ils ne peuvent pas s'en passer, mais qu'ils ne doivent pas s'en contenter et qu'ils doivent apprendre à prier eux-mêmes ; car il faut que la prière vienne du fond du cœur, et varie suivant leurs besoins et leur position.

4°. Veillez à ce que chaque famille possède, outre la Bible, quelques livres de piété. Si elle n'en a pas, engagez-la à en acheter, ou si elle est trop pauvre, donnez-lui-en vous-mêmes. Si cela n'est point en votre pouvoir, adressez-vous à quelqu'un de vos amis dont vous connaissiez les dispositions charitables. Que les familles lisent ces livres le soir, quand elles ont du loisir, mais particulièrement le jour du Seigneur.

5°. Enseignez à vos fidèles comment ils doivent sanctifier le dimanche, s'abstenir autant que possible de toute occupation qui pourrait les distraire, et employer le temps qu'ils passent dans leur famille après avoir assisté au culte public. La sanctification du dimanche est très importante pour entretenir la vie religieuse ; les pauvres ont peu de temps à leur disposition, et s'ils perdent le jour du Seigneur, ils perdent tout et restent dans l'ignorance et dans l'abrutissement. Que chaque chef de famille engage ses enfants et ses serviteurs à s'entretenir avec lui le dimanche soir, et à lui rendre compte de ce qu'ils ont appris à l'église pendant le jour. Ne négligez pas, je vous en supplie, cette partie importante de votre tâche.

Persuadez aux chefs de famille de faire leur devoir, et non seulement ils vous épargneront beaucoup de peine, mais ils contribueront essentiellement au succès de vos travaux. Si un colonel peut obtenir de ses officiers qu'ils fassent leur devoir, il conduira son régiment avec bien moins de peine que s'il était chargé seul de tous les détails. Jusqu'à ce que les familles soient réformées, vous ne pouvez guère espérer une réforme générale. Il pourra sans doute y avoir quelque piété dans votre église, mais tant qu'elle sera bornée aux individus, et qu'elle ne pénétrera pas dans le cercle de la famille, elle ne prospérera point et ne fera jamais beaucoup de progrès.

V. Nous devons visiter assidûment les malades et les préparer ou à une vie sainte ou à une mort chrétienne.

A la vérité, ce doit être le soin de toute notre vie ; mais dans un pareil moment, ce devoir exige de nous une attention toute particulière. Quand les fidèles touchent à leur dernière heure, et qu'ils doivent alors ou jamais se réconcilier avec Dieu, combien il leur importe de racheter ces derniers moments et de se saisir de la vie éternelle ! Et quand nous n'avons plus que quelques jours ou quelques heures pour leur parler de leur salut, nous serions des brutes ou des infidèles, si nous ne restions pas auprès d'eux, et si nous ne faisions pas tous nos efforts pour les amener à la repentance et à la conversion. Comment n'être pas ému de compassion en voyant un homme sur son lit de douleur, et en pensant que dans quelques jours, son âme sera au ciel ou en enfer ? Cette assiduité auprès des mourants mettra à l'épreuve la foi et la conviction des ministres. Ils pourront ainsi s'assurer si leurs pensées relatives à la vie à venir sont vraiment sérieuses. La mort opère de si graves changements que la vue des derniers moments d'un homme doit exciter toute notre sensibilité et toute notre compassion, et nous engager à faire pour son âme l'office des anges inférieurs, c'est-à-dire à la préparer à quitter sa demeure mortelle et à être conduite par les anges supérieurs « à l'héritage des saints dans la lumière. » Quand un homme est arrivé au terme de son pèlerinage terrestre, et qu'un pas de plus va le conduire au ciel ou en enfer, il est grand temps pour nous de l'aider de tout notre pouvoir, pendant qu'il nous reste encore quelque espérance. Outre que la situation d'un homme dans ce moment suprême doit émouvoir notre compassion, elle nous offre aussi une occasion favorable de lui être utiles. Les pécheurs les plus endurcis, qui auparavant dédaignaient nos conseils, nous écouteront quand ils seront sur leur lit de mort. Autrefois intraitables comme des lions, ils seront alors doux comme des agneaux. Souvent le pécheur le plus obstiné, lorsqu'il touche à sa dernière heure, s'humilie, confesse ses fautes, en témoigne du repentir, et promet de s'amender s'il se rétablit. Cyprien dit, en parlant des personnes en santé : « Celui qui chaque jour songe qu'il doit mourir, méprise les choses présentes et s'empresse vers les choses à venir. » Cela est encore plus vrai pour celui qui sent qu'il doit mourir bientôt. Avec quelle profonde conviction les plus grands pécheurs déplorent leurs fautes, confessent leur folie, reconnaissent la vanité du monde, quand ils voient la mort prête à les saisir ! — Vous me direz peut-être que ces conversions forcées ne sont pas sincères, et que par conséquent nous avons peu d'espoir de produire un bien réel. J'avoue que la plupart du temps la frayeur arrache aux pécheurs des résolutions inefficaces et ne les convertit pas véritablement. « Celui qui a bien vécu, dit Augustin, ne peut mal mourir ; et celui qui a mal vécu peut à peine bien mourir. » Sans doute, à l'heure de la mort, les conversions sincères sont rares ; mais elles ne sont pas impossibles. Comme elles sont rares, nous devons, ainsi que les pécheurs eux-mêmes, être d'autant plus vigilants et d'autant plus actifs pendant toute notre vie ; et comme d'un autre côté elles ne sont point impossibles, nous devons employer les remèdes les plus énergiques à l'heure de la mort.

Mon intention n'étant pas de vous tracer un plan pour tous vos devoirs pastoraux, je ne m'arrêterai point à vous détailler ce que vous devez faire à l'égard des pécheurs à leurs derniers moments ; je vous exposerai seulement quelques observations dignes de votre attention.

1°. N'attendez pas qu'ils aient entièrement perdu toute force et toute connaissance, et qu'il ne vous reste plus de temps pour agir efficacement ; mais soit qu'ils vous appellent ou non, allez les visiter dès que vous apprenez qu'ils sont malades ;

2º. Quand le temps est si court que vous ne pouvez les instruire des principes de la religion, insistez sur les points principaux et sur les vérités les plus propres à amener leur conversion ; faites-leur connaître la gloire de la vie à venir, le prix infini auquel elle a été achetée ; montrez-leur combien ils sont coupables de l'avoir dédaignée pendant leur vie mortelle ; mais en même temps dites-leur qu'ils peuvent encore l'obtenir en croyant à Jésus-Christ, notre unique Sauveur ;

3º. S'ils se rétablissent, ne manquez pas de leur rappeler leurs promesses et leurs bonnes résolutions ; faites un appel à leur conscience, et quand vous les verrez se relâcher, répétez-leur ce qu'ils disaient lorsqu'ils étaient gisants sur le lit de douleur. Comme cette pratique est éminemment utile et qu'elle en a amené plusieurs à la conversion, visitez ceux dont la maladie n'est pas mortelle, aussi bien que ceux qui sont en danger de mourir, afin de vous procurer ainsi une occasion favorable de les conduire à la repentance et de combattre efficacement leurs péchés. L'empereur Sigismond demandait à l'évêque de Colen ce qu'il devait faire pour être sauvé ? — « Conduisez-vous, lui répondit l'évêque, comme vous avez promis de le faire lorsque vous étiez tourmenté par la goutte. »

VI. Nous devons reprendre et avertir les pécheurs scandaleux et impénitents.

Mais avant de porter la conduite du pécheur à la connaissance de l'Église et de ses anciens, le ministre doit le voir en particulier et faire ses efforts pour l'amener à la repentance, surtout si son offense n'est pas publique. Il faut dans ce cas user de beaucoup de prudence, et avoir égard au caractère particulier des pécheurs. Quant au plus grand nombre d'entre eux, il faut leur parler avec franchise, remuer leurs cœurs engourdis, leur montrer qu'on ne se joue pas impunément avec le péché, leur en faire sentir l'horreur et les funestes conséquences, en les menaçant de la colère de Dieu.

VII. J'arrive à la dernière partie de notre surveillance, je veux dire l'exercice de la discipline ecclésiastique.

Après avoir averti les pécheurs en particulier, nous devons les avertir publiquement, — les exhorter à la repentance, — réhabiliter ceux qui se repentent, — et exclure du sein de l'Église les impénitents. — Dans le cas d'offenses publiques et même quand il s'agit de fautes plus secrètes, si le pécheur ne se repent point, il faut le réprimander en présence des fidèles et l'exhorter à la repentance.

C'est un devoir pour nous, quoique nous l'ayons souvent négligé. Christ nous commande d'avertir l'Église, et Paul nous ordonne de reprendre le pécheur « en présence de tous. » Ce fut la pratique constante de l'Église avant que l'égoïsme et une fausse délicatesse eussent introduit le relâchement dans l'exercice de ce devoir et de beaucoup d'autres. Il n'est pas douteux que ce devoir ne nous soit rigoureusement imposé ; il n'est pas douteux non plus que nous n'y ayons été infidèles. Nous aurions honte, pour la plupart, de négliger la prédication ou la prière ; mais nous avons longtemps négligé l'exercice de la discipline ecclésiastique, sans songer combien cette négligence est coupable. Nous avons attiré sur nous la responsabilité de tous les péchés d'ivrognerie, d'impureté, de blasphème, faute d'employer les moyens que Dieu avait mis en notre pouvoir pour les combattre.

Si l'on m'objecte que ces réprimandes publiques irriteront les pécheurs au lieu de les corriger, je répondrai :

1º. Il convient mal à une créature de censurer les commandements de Dieu comme inutiles, de murmurer contre ses devoirs au lieu de les remplir, et d'opposer sa volonté à celle de son Créateur. Si Dieu ne pouvait pas rendre ses commandements efficaces, il ne nous les aurait point imposés.

2º. La discipline ecclésiastique est d'une utilité évidente ; elle confond le péché, elle humilie le pécheur, elle manifeste aux yeux du monde la sainteté de Christ, de sa doctrine et de son Église.

3º. Que ferez-vous à ces pécheurs ? Les abandonnerez-vous comme étant sans espoir ? Cela serait plus cruel que de les soumettre à la pénitence publique. Emploierez-vous d'autres moyens ? Mais on doit supposer qu'ils ont tous échoué, puisque celui-ci est le dernier.

4º. La grande utilité de la discipline ecclésiastique n'est pas pour le pécheur seul, mais pour l'Église. Elle tend à détourner les autres du péché et à maintenir la pureté des mœurs et de la doctrine. Sénèque disait avec raison : « En pardonnant les fautes du présent, on lègue des vices aux générations à venir. » Et ailleurs : « Celui qui épargne les méchants, nuit aux gens de bien. »

En adressant des réprimandes au pécheur, nous devons aussi l'exhorter à la repentance et à manifester publiquement cette repentance pour la satisfaction de l'Église.

Comme l'Église ne doit point avoir communion avec les pécheurs impénitents, si elle a la preuve de leur faute, elle doit aussi exiger la preuve de leur repentir : et quelle autre preuve peuvent-ils en donner, sinon de le témoigner publiquement et de changer de conduite ?

J'avoue que l'exercice de ce devoir demande beaucoup de prudence pour ne pas faire plus de mal que de bien ; mais nous parlons de cette prudence chrétienne qui nous dirige dans l'accomplissement du devoir, et non de cette prudence charnelle qui nous le fait négliger. Nous devons agir avec humilité, quoique avec vigueur ; nous devons montrer aux pécheurs que nous ne sommes pas guidés par le désir de la domination ou par le ressentiment d'une injure, mais que nous sommes poussés par le sentiment rigoureux du devoir ; et pour convaincre les fidèles que nous ne faisons qu'obéir strictement aux ordres de Dieu, nous leur adresserons la parole dans ce sens :

« Mes frères, quoique les hommes impénitents attachent peu d'importance au péché, Dieu l'a tellement en horreur, qu'il lui réserve pour sa punition les tourments éternels de l'enfer. Il n'y a que le sacrifice de Christ qui puisse nous préserver de ces tourments, si nous nous repentons et si nous renonçons au mal. C'est pourquoi Dieu, qui appelle tous les hommes à la repentance, nous commande de ne point haïr notre frère dans notre cœur, mais de reprendre avec soin notre prochain et de ne pas souffrir de péché en lui (Lévit. 19.17) ; de nous exhorter les uns les autres chaque jour, pendant qu'il est dit : Aujourd'hui ; de peur que quelqu'un ne s'endurcisse par la séduction du péché (Héb.3.13). Si notre frère a péché contre nous, Jésus-Christ nous ordonne de le reprendre en particulier ; s'il ne nous écoute pas, de prendre avec nous une ou deux personnes ; s'il ne daigne pas les écouter, de le dire à l'Église ; et s'il n'écoute pas l'Église, de le regarder comme un païen et un péager (Matth.18.15-17). Saint Paul nous exhorte de reprendre publiquement ceux qui pèchent, afin d'inspirer de la crainte aux autres (1Tim.5.20) ; de reprendre avec autorité (Tit.2.15) ; et s'ils ne se repentent pas, nous devons les fuir et ne pas même manger avec eux. » (2Thess.3.6, 2-14 ; 1Cor.5.11-13)

« Ayant été informé de la conduite scandaleuse de M. N. ..., membre de cette Église, et ayant eu des preuves suffisantes qu'il a commis le péché odieux de . . ., nous nous sommes entretenus sérieusement avec lui pour l'amener à la repentance ; mais, nous le disons avec douleur, nous n'apercevons aucun résultat satisfaisant de nos efforts, et notre frère persévère dans l'impénitence (ou il vit toujours dans l'habitude du même péché, quoiqu'il déclare se repentir). Nous estimons en conséquence qu'il est de notre devoir d'user de ce dernier moyen que Christ nous a commandé d'employer. Nous prions donc notre frère, au nom du Seigneur, de considérer l'énormité de son péché, le mal qu'il a fait à Jésus-Christ et à lui-même, le scandale et le chagrin qu'il a causés aux autres. Nous le supplions instamment, dans l'intérêt de son âme, de voir si son péché et son impénitence peuvent compenser pour lui la perte de la vie éternelle, et dans quel état il comparaîtra devant le tribunal de Dieu et devant Christ, si la mort le surprend dans le péché et dans l'endurcissement. Comme messager de Jésus-Christ qui le jugera, je le conjure de renoncer à l'opiniâtreté et à la dureté de son cœur, de confesser et de déplorer sincèrement son péché devant Dieu et devant l'assemblée de ses frères. Je l'en avertis ici, non pas par inimitié contre lui, Dieu m'en est témoin, mais par zèle pour son âme et par obéissance à Jésus-Christ qui me le commande, désirant l'arracher au péché, à la puissance de Satan, à la colère de Dieu, et le réconcilier avec Dieu et avec l'Église. Qu'il s'humilie donc par une contrition sincère, pour échapper à la condamnation éternelle. »

Telle doit être la formule générale de ces admonestations publiques. Si le pécheur regardait sa faute comme légère, il faudrait lui en faire sentir la grandeur, en citant quelques passages de l'Écriture qui la condamnent sévèrement. A ces reproches et à ces exhortations, nous devons joindre les prières de la congrégation pour le pécheur. Cela doit se faire, surtout si le pécheur est absent, s'il ne donne aucune marque de repentance et s'il ne témoigne aucun désir des prières de l'Église. Dans ce cas, nous engagerons les fidèles à considérer la déplorable condition des pécheurs impénitents, à avoir compassion d'une âme tellement aveuglée et endurcie par le péché et par Satan qu'elle n'a point pitié d'elle-même ; à prier Dieu enfin qu'il ouvre les yeux du pécheur, qu'il humilie et touche son cœur avant qu'il soit condamné éternellement. Prions nous-mêmes pour lui avec ferveur, afin que notre troupeau se joigne de cœur à nos prières : peut-être Dieu daignera-t-il les exaucer, peut-être le pécheur en sera-t-il plus touché que de toutes nos exhortations. Si les ministres s'acquittaient de ce devoir avec conscience et dévouement, Dieu bénirait sans doute leurs efforts ; mais quand nous reculons devant les dangers et les difficultés de notre tâche, quand nous éludons ceux de nos devoirs qui ont quelque chose de pénible, nous ne pouvons espérer aucun résultat considérable de travaux faibles et charnels. Nous pouvons sans doute faire du bien à quelques-uns de nos fidèles ; mais nous ne pouvons espérer « que la parole du Seigneur ait un libre cours et qu'elle soit glorifiée, » quand nous remplissons nos devoirs d'une manière si molle et si incomplète.

Nous devons réconcilier le pécheur repentant avec l'Église ; comme nous ne devons pas, par trop d'indulgence, l'autoriser à mépriser la discipline ecclésiastique, de même nous ne devons pas le décourager par trop de sévérité. S'il reconnaît ses fautes et s'il s'en repent, il faut qu'il en fasse l'aveu, qu'il promette de ne plus retomber dans les mêmes désordres, de veiller sur lui-même plus attentivement, de fuir les tentations, de se défier de ses forces et de se confier à la grâce qui est en Jésus-Christ. Nous devons lui faire comprendre quelles sont les richesses de l'amour de Dieu et combien le sang de Christ est suffisant pour le pardon de ses péchés, s'il croit et se repent, et l'engager à communier avec les fidèles et à demander le secours de leurs prières, pour que Dieu le guérisse et le sauve.

Nous devons aussi exhorter notre troupeau à imiter Jésus-Christ, en pardonnant au pécheur pénitent et en le retenant dans son sein. Si le pécheur a été exclu de la communion, il faut que les fidèles l'y admettent de nouveau, qu'ils ne lui reprochent point ses fautes, mais qu'ils les lui pardonnent à l'exemple de leur divin maître.

Enfin nous rendrons grâce à Dieu du retour du pécheur, et nous le prierons de l'affermir dans ses bonnes résolutions.

Le dernier usage de la discipline ecclésiastique consiste à exclure de la communion ceux qui, après des épreuves suffisantes, demeurent dans l'impénitence.

L'exclusion de la communion de l'Église (ou l'excommunication) a différents degrés qu'il ne faut pas confondre : celle qui est le plus communément pratiquée parmi nous consiste à exclure de la communion des fidèles le pécheur impénitent, jusqu'à ce qu'il plaise au Seigneur de l'amener à la repentance.

Dans le cas de cette exclusion, le ministre de l'Église doit enjoindre aux fidèles, au nom du Seigneur, de n'avoir point de communion avec le pécheur impénitent et de l'éviter soigneusement.

Nous devons cependant prier pour que Dieu amène les excommuniés à la repentance ; et s'ils se repentent, nous devons avec joie les recevoir de nouveau dans la communion de l'Église.

Combien il serait à souhaiter que nous fussions fidèles à la pratique de cette discipline, au lieu de la laisser tomber dans le mépris par notre négligence, tout en la louant dans nos ouvrages ! C'est une question importante que de savoir quels sont les plus coupables devant Dieu, ceux qui s'opposent ouvertement à l'exercice de la discipline, parce qu'ils n'en connaissent ni la nature ni la nécessité, ou ceux qui la recommandent dans leurs discours, mais l'avilissent en la négligeant ? Si l'hypocrisie n'est point un péché, et si la connaissance de la volonté de Dieu n'aggrave point la faute de la désobéissance, les seconds sont sans doute moins coupables que les premiers ; mais dans la supposition contraire, les adversaires déclarés de la discipline sont certainement moins criminels que leurs antagonistes. Je n'engagerai pas ceux qui recommandent la discipline mais la négligent, à rétracter tout ce qu'ils ont dit jusqu'à ce qu'ils le mettent en pratique ; je n'exigerai pas d'eux le sacrifice des écrits qu'ils ont publiés et qui s'élèveront contre eux au jour du jugement ; mais je les exhorterai sincèrement à conformer leur conduite aux opinions qu'ils professent, de peur qu'en parlant en faveur de la discipline ecclésiastique et en la négligeant, ils n'aient signé leur propre condamnation.

C'est avec une extrême surprise que j'ai entendu des ministres qui me paraissaient pieux et sincères, blâmer les partisans de la discipline ecclésiastique, c'est-à-dire ceux qui ne veulent pas donner indistinctement la communion à tous leurs paroissiens, et qui les divisent ainsi en catégories. Il me semblait que Satan, en engageant un ministre pieux à négliger la discipline, avait obtenu une aussi belle victoire que s'il lui eût fait abandonner la prédication. Si l'on comprenait bien que le devoir pastoral consiste surtout dans la conduite de l'Église, on comprendrait aussi que celui qui est l'ennemi de la discipline est l'ennemi du ministère évangélique ; que l'ennemi du ministère évangélique est l'ennemi de l'Église ; et que l'ennemi de l'Église est bien près d'être l'ennemi de Dieu. Ne blâmez pas la rigueur de cette déduction, si vous ne pouvez y échapper, et si vous ne trouvez rien à y répondre devant Dieu.

2. Manière d'exercer cette surveillance

Après avoir établi la nature de cette surveillance, nous allons exposer la manière de l'exercer. Nous la considérerons dans son ensemble, sans nous appesantir sur les détails.

I. L'œuvre du saint ministère doit être faite en vue de Dieu et du salut des âmes, et non pour aucun motif intéressé.

Quelque excellente que soit notre œuvre par elle-même, il suffit d'un mauvais motif pour la corrompre. Si nous agissons pour nous et non pour Dieu, c'est nous, et non pas Dieu que nous servons. Ceux qui s'engagent dans le ministère évangélique, afin d'avoir un métier pour vivre, s'apercevront qu'ils ont choisi un mauvais métier, quoique un bon emploi. Le renoncement à soi-même est nécessaire à tout chrétien, mais il est doublement nécessaire à un ministre, qui, sans cette abnégation, ne peut pas servir Dieu fidèlement, même pendant une heure. Des études sérieuses, des connaissances profondes, le talent de la prédication, si nos motifs ne sont pas purs, ne font que rendre notre hypocrisie plus éclatante. Bernard disait avec raison : « Il y a des hommes qui recherchent la science pour la science même, c'est une curiosité honteuse ; il y en a qui la recherchent pour la vendre, c'est un honteux trafic ; d'autres la recherchent pour la montrer, c'est une vanité ridicule ; il y en a qui veulent savoir pour édifier les autres, c'est de la charité ; ou pour s'édifier eux-mêmes, c'est de la prudence. »

II. L'œuvre du saint ministère doit être faite avec diligence et avec activité, comme étant d'une importance extrême pour nous et pour les autres.

Car, que voulons-nous faire ? sauver le monde et le préserver de la malédiction de Dieu, — perfectionner la création, — accomplir le but de la mort du Sauveur, — échapper à la damnation, — triompher du démon et renverser son royaume, — amener le règne de Jésus-Christ, — conduire les autres et arriver nous-mêmes au royaume de gloire. Or, pouvons-nous accomplir une telle tâche avec des mains inactives et un cœur insouciant ? Travaillez-y donc de toute votre force ! Etudiez avec ardeur, car le puits de la science est profond et notre esprit est superficiel. « Il est beau, dit Cassiodore, de travailler sans relâche et sans fin, c'est là une ambition honorable ; plus on creuse profondément pour chercher la science, plus il y a de gloire à la trouver. » Mais surtout appliquez-vous à mettre en pratique les connaissances que vous acquérez. Ayez toujours présentes à l'esprit ces belles paroles de Paul : « La nécessité me presse : oui, malheur à moi, si je ne prêche pas l'Évangile ! » Répétez-vous sans cesse : « Si je ne m'empresse pas, Satan peut triompher, mon troupeau peut périr éternellement, et son sang me sera redemandé. Pour m'épargner quelques peines et quelques souffrances, je m'en attirerai mille fois davantage. Si au contraire je travaille avec zèle, je me préparerai un bonheur éternel. »

III. L'œuvre du ministère évangélique doit être faite avec prudence et avec ordre.

Nous devons nourrir notre troupeau du lait de la parole, avant de lui donner une nourriture plus solide : il faut poser les fondements avant de construire l'édifice. Les chrétiens doivent être amenés à l'état de grâce avant de produire les œuvres de la grâce, et la première chose à faire est de leur prêcher la conversion, « la repentance des œuvres mortes et la foi en Jésus-Christ. » Nous devons proportionner notre enseignement à la capacité de nos fidèles, et ne pas demander la maturité à ceux qui ne connaissent pas les premiers principes de la religion : « Car, dit Grégoire de Nysse, avant d'enseigner aux enfants les préceptes élevés de la science, nous leur apprenons à connaître les lettres, puis les syllabes, etc., etc. » Ainsi les guides spirituels de l'Église exposent d'abord à leurs auditeurs les vérités élémentaires, et les conduisent par degrés à la connaissance des vérités plus profondes et plus mystérieuses.

IV. Durant tout le cours de notre ministère, nous devons insister principalement sur les vérités les plus fondamentales, les plus claires et les plus essentielles, et nous occuper plus rarement des autres.

En enseignant Christ à nos fidèles, nous leur enseignons tout. En les conduisant au Ciel, nous les aurons instruits suffisamment. Les vérités de la religion les plus universellement reconnues sont celles dont les hommes doivent se nourrir, celles qui ont le plus de puissance pour détruire le péché et pour élever le cœur à Dieu. Ayons toujours devant les yeux les besoins de notre troupeau. Songeons à « la seule chose nécessaire », et nous ne serons pas tentés de nous jeter dans des controverses inutiles. Il y a sans doute beaucoup d'autres choses désirables à connaître, mais celle-ci est indispensable au salut. La nécessité doit être pour un ministre le guide de ses études et de ses travaux. Si nous étions suffisants pour tout, nous pourrions tout entreprendre, et embrasser le cercle entier des connaissances humaines ; mais notre vie est courte, nos facultés sont bornées, les intérêts éternels sont pressants, et les âmes que nous devons instruire sont d'un prix infini. C'est la nécessité, je le confesse, qui a dirigé mes travaux et ma vie. C'est elle qui m'a guidé dans le choix de mes lectures, et dans celui des moments que je devais y consacrer. C'est elle qui m'impose mon texte, le sujet de mes sermons, la manière de le traiter, autant du moins que ma faiblesse et ma corruption me le permettent. Je dois sans doute attribuer cette conduite à l'attente continuelle où j'étais de la mort ; mais je ne vois pas pourquoi l'homme auquel Dieu aurait accordé la meilleure santé ne s'assurerait pas d'abord des choses les plus nécessaires, en songeant à l'incertitude et à la brièveté de la vie. Xénophon pensait qu'il n'y avait pas de meilleur « maître que la nécessité, qui nous enseigne tout de la manière la plus prompte et la plus sûre. » Qui pourrait, en étudiant, en prêchant, en travaillant, s'occuper d'autres choses, s'il sent qu'une seule chose soit indispensable ? Qui pourrait perdre son temps en frivolités, quand il sent les aiguillons de la nécessité ? En présence de l'ennemi, le soldat sait qu'il faut combattre et non disputer ; c'est un devoir pour lui, et à plus forte raison pour nous, car notre œuvre est plus importante que la sienne. Le meilleur moyen de racheter le temps, c'est de ne pas perdre une heure, c'est de nous occuper des choses essentielles. C'est ainsi que nous ferons le plus de bien aux autres, quoique nous puissions ne pas leur plaire et ne pas exciter leurs applaudissements ; car telle est la fragilité des hommes, « qu'ils préfèrent souvent ce qui est nouveau à ce qui est utile [a]. »

Il résulte de là qu'un prédicateur doit revenir souvent sur les mêmes vérités, parce que les vérités essentielles sont en petit nombre. Nous ne devons pas, pour satisfaire ceux de nos auditeurs qui aiment la nouveauté, traiter comme importants des points tout-à-fait secondaires, quoique nous puissions mettre de la variété dans nos enseignements par la manière de les transmettre. Ces gros volumes de controverse qui nous font perdre tant de temps, roulent plutôt sur de simples opinions que sur des vérités essentielles : « Les vérités utiles, dit Ficin, sont renfermées dans d'étroites limites : les opinions sont sans fin. » — « Les choses essentielles, disent fréquemment Grégoire de Nazianze et Sénèque, sont communes et à la portée de tous ; ce sont les superfluités qui consument notre travail, sans que nous puissions y atteindre. » — En conséquence, les pasteurs doivent examiner attentivement les besoins de leurs troupeaux, afin de s'assurer de ce qui leur est le plus nécessaire, et pour le choix des sujets à traiter et pour la manière de les traiter ; ils doivent se persuader aussi que le fonds est plus important que la forme. Dans le choix de vos lectures, ne vous attachez-vous pas aux auteurs qui vous apprennent ce que vous ne savez point et qui vous exposent avec le plus de simplicité et de clarté les vérités essentielles, plutôt qu'à ceux qui, bien que supérieurs par l'élégance du style, n'enseignent cependant que des doctrines vaines ou erronées ? Pour ma part, je suivrai plutôt le conseil d'Augustin, qui préférait les pensées aux mots, comme l'âme au corps, et qui, dans un

---

[a]. « Nova potius miramur quam magna. » (Sénèque.)

discours, faisait plus de cas de la vérité que de l'élégance, comme dans un ami il faisait plus de cas de la sagesse que de la beauté. Et ce que je fais dans mes lectures pour ma propre édification, je dois le faire pour l'instruction des autres. Ce sont communément les hommes dépourvus de connaissances solides qui recherchent avec le plus d'avidité les ornements du langage ; ceux au contraire qui possèdent une expérience et une science réelles expriment avec simplicité les vérités fondamentales. Suivant l'opinion d'Aristote, les femmes ne sont si curieuses de leur parure que parce qu'elles ont la conscience de leur peu de culture intellectuelle ; il en est de même de ces prédicateurs futiles qui cherchent à déguiser la stérilité de leurs pensées par le luxe et l'éclat des expressions.

V. Tous nos enseignements doivent être aussi clairs et aussi simples que possible.

La vérité aime la lumière ; elle brille d'autant plus qu'elle est moins chargée d'ornements. Celui qui la cache est son ennemi ; celui qui la déguise sous prétexte de la révéler est un hypocrite. Si un prédicateur ne veut pas instruire, que fait-il dans la chaire ? S'il veut instruire, pourquoi ne parle-t-il pas de manière à être compris ? Je sais qu'il est des sujets que leur élévation même rend difficiles à comprendre ; mais c'est un motif de plus pour ne pas augmenter cette difficulté par l'obscurité du langage. Celui qui enveloppe sa pensée au point de la rendre inintelligible peut se donner aux yeux des ignorants l'apparence de la profondeur ; il ne sera jamais pour des hommes sensés qu'un orgueilleux ou un hypocrite. Quelques-uns voilent leur pensée sous prétexte que le commun des esprits est rempli de préjugés et n'est pas suffisamment préparé à recevoir la vérité. Mais la vérité triomphe des préjugés par la seule force de son évidence, et le meilleur moyen de faire prévaloir une bonne cause est de la rendre aussi claire que nous le pouvons. On doit croire qu'un prédicateur n'a pas étudié son sujet à fond, s'il ne peut l'exposer clairement à ses auditeurs, aussi clairement du moins que sa nature le comporte, et en supposant qu'il s'adresse à des esprits qui possèdent l'instruction nécessaire pour le comprendre. Je sais en effet que certaines vérités, quelque clairement qu'elles soient exposées, sont au-dessus de la portée des intelligences communes, comme les règles les plus simples de la grammaire sont inintelligibles à un enfant qui commence seulement à connaître l'alphabet.

VI. L'œuvre du saint ministère doit être faite avec beaucoup d'humilité.

Nous devons avoir de la douceur et de la condescendance pour tous ; nous devons être aussi prêts à recevoir l'instruction qu'à la donner. Gardons d'imposer orgueilleusement nos idées et de repousser la contradiction, comme si nous avions atteint au comble du savoir, et comme si les autres hommes n'étaient destinés qu'à écouter nos oracles au pied de la chaire. L'orgueil sied mal à celui qui doit conduire les âmes au ciel par le chemin de l'humilité : prenons garde en conséquence qu'après y avoir amené les autres, nous ne trouvions la porte trop étroite pour nous. « L'orgueil, dit Grotius, est né dans le ciel ; mais ne reconnaissant plus la route par laquelle il en est descendu, il n'a pu y remonter. » Si la superbe en a fait exclure un ange, Dieu sans doute n'y admettra point un prédicateur orgueilleux. Rappelons-nous que nous sommes *ministres*, c'est-à-dire *serviteurs*. L'orgueil est l'aliment et la source de tous nos autres péchés. De là procèdent l'envie et l'esprit de contention ; de là viennent tous les obstacles à la réformation du cœur ; tous veulent conduire, aucun ne veut obéir. De là l'insuccès d'une foule de ministres, trop fiers pour se persuader qu'ils ont quelque chose à apprendre. Et cependant, même les plus âgés pourraient prendre pour eux le conseil que saint Augustin adresse à saint Jérôme : « Quoiqu'il convienne mieux aux vieillards d'enseigner que d'apprendre, il leur convient cependant mieux d'apprendre que d'ignorer [a]. » Ce sont là des vérités que nous reconnaissons volontiers ; mais quand nous venons à les appliquer aux pécheurs, et quand nous voyons qu'ils sont plus disposés à s'irriter de nos conseils qu'à nous en savoir gré, à quels dégoûts ne sommes-nous pas exposés, et avec quelle opiniâtreté les restes du vieil homme ne luttent-ils pas contre la douceur et la patience de l'homme régénéré ! Il est bien peu de ministres qui sachent résister à de semblables épreuves.

VII. Nous devons être sérieux, charitables et zélés dans toutes les fonctions de notre ministère.

Notre œuvre exige plus d'habileté et surtout plus de vie et plus de zèle que nous n'y en apportons communément. C'est une chose grave, que de se placer en face d'une congrégation et de lui apporter de la part de Dieu, au

---

a. « Et si senes magis decet docere quam discere : magis tamen decet discere quam ignorare. »

nom du Rédempteur, un message de condamnation ou de salut. Ce n'est pas chose facile, que de parler assez clairement pour être compris, même des plus ignorants ; assez sérieusement pour faire impression sur les cœurs endurcis, assez fortement pour réduire les contradicteurs au silence. Nous devons être nous-mêmes bien éveillés, si nous voulons réveiller les autres ; nous devons employer un langage bien pénétrant si nous voulons entamer ces cœurs de pierre. Il vaudrait mieux ne point parler des choses célestes que d'en parler avec légèreté et avec froideur.

VIII. Dans tout le cours de notre ministère, nous devons être animés de la plus vive affection pour notre troupeau.

Il faut que nos fidèles soient bien convaincus que nous n'avons en vue que leur avantage spirituel, que nous ne recherchons que ce qui peut leur être utile, que nous ne redoutons que ce qui peut leur nuire. Nous devons avoir pour eux l'amour de la plus tendre mère ; nous devons rester « en travail jusqu'à ce que Christ soit formé en eux. » Il faut qu'ils voient bien clairement que, pour nous, le soin de leur salut passe avant tout, et que nous sommes prêts, comme Moïse, à voir « notre nom effacé du livre des vivants, » pourvu que leurs noms soient inscrits dans le livre de l'Agneau. » Nous devons, comme saint Jean, « être prêts à perdre la vie pour nos frères, » et comme saint Paul, ne la compter pour rien, « afin d'achever notre course et le ministère que nous avons reçu du Seigneur Jésus. » Lorsque vos fidèles seront bien persuadés de votre amour pour eux, ils entendront et supporteront mieux tout ce que vous leur direz. « Aimez, et dites ce que vous voudrez, » a dit Augustin. Nous supportons tout d'une personne qui nous aime. Les conseils de l'affection, s'ils ne sont toujours suivis, sont au moins souvent écoutés. Aimez donc votre troupeau, et que cet amour éclate dans vos paroles et dans vos actions. Prouvez à vos fidèles que vous vous consacrez entièrement à eux, et que tout ce que vous faites, vous le faites pour eux et non pour vous. Dans ce but, vous devez exercer des œuvres de charité, autant du moins que vos ressources vous le permettront ; car les hommes ne s'en rapporteront pas à votre seule parole. Si vous ne pouvez donner, montrez au moins que vous y êtes disposé et faites tout le bien que vous pourrez. Mais prenez garde que votre amour ne soit charnel, prenez garde de vous chercher vous-mêmes plutôt que Christ, et de n'aimer que parce que vous vous sentez aimés ou parce que vous voulez être aimés. Gardez-vous en conséquence de fermer les yeux sur les péchés des hommes, sous prétexte de charité : ce serait aller contre le but même de la charité. En fermant les yeux sur les péchés de vos frères, vous montrez que vous êtes ennemis de Dieu, et dans ce cas vous n'aimez point vos frères. Si vous êtes leurs amis, défendez-les contre leurs plus dangereux ennemis ; ne croyez point que la sévérité soit incompatible avec l'amour. Les parents châtient leurs enfants, et Dieu lui-même n'épargne pas ceux qu'il admet parmi les siens. « Il vaut mieux, dit Augustin, aimer avec sévérité que de tromper avec douceur. »

IX. Nous devons supporter les insultes et les mépris de ceux auxquels nous cherchons à faire du bien.

Quand nous avons travaillé et prié pour eux, quand

nous les avons exhortés avec persévérance, quand nous les avons traités comme nos enfants, nous n'aurons à attendre de plusieurs d'entre eux que haine et que mépris : ils nous regarderont comme « leurs ennemis, parce que nous leur aurons dit la vérité. » Nous devons le souffrir patiemment et persévérer à leur être utiles et « à les instruire avec douceur dans l'espoir que Dieu leur donnera la repentance et leur fera connaître la vérité. » Ce sont des malades qui s'emportent contre leur médecin, et toutes leurs injures ne doivent pas nous faire abandonner le soin de leur guérison.

X. En nous acquittant de nos fonctions, nous devons être sans cesse pénétrés de cette crainte respectueuse qu'imprime la pensée de la présence de Dieu.

Si nous remplissons ces saintes fonctions avec irrévérence, nous donnons à penser que nous ne sommes que des hypocrites, et que notre cœur n'est point d'accord avec notre bouche. Celui qui, dans ses prédications, parle comme s'il était en présence de Dieu, me fait plus d'impression, malgré la simplicité de son langage, que le prédicateur le plus éloquent qui ne paraît pas frappé du sentiment de cette présence. La plus inefficace de toutes les prédications est celle qui tend à plaire aux auditeurs en chatouillant leurs oreilles, plutôt qu'à les frapper d'un saint respect pour le nom de Dieu. « Que vos enseignements, dit saint Jérôme, excitent les gémissements du peuple, mais non ses acclamations : les larmes de vos auditeurs sont votre plus beau triomphe. » Plus Dieu se manifeste dans nos exhortations, plus elles ont d'autorité. Nous devrions, pour ainsi dire, supposer que nous voyons le trône de Dieu et les milliers d'anges qui l'entourent, afin que sa majesté nous imprime un saint respect, et nous préserve de prendre son nom en vain.

XI. Notre œuvre est une œuvre spirituelle et qui doit être faite sous l'influence de l'Esprit Saint.

Il y a dans les discours de certains prédicateurs une spiritualité qui se fait sentir aux auditeurs pieux ; d'autres, au contraire, en sont tellement dépourvus, qu'ils parlent des choses spirituelles du même ton qu'ils parleraient des choses les plus communes. En expliquant et en établissant les vérités divines, nous devons tirer nos preuves de l'Écriture Sainte plutôt que des ouvrages des hommes. Il ne faut pas que la sagesse du monde s'élève contre la sagesse de Dieu ; il faut que la philosophie s'abaisse et se soumette à l'empire de la foi. Que ceux qui ont été élevés à l'école de la philosophie humaine se gardent de mépriser ceux qui ont été instruits à l'école de Jésus-Christ. Ils peuvent paraître grands aux yeux des hommes ; mais ils seront petits dans le royaume de Dieu. Qu'ils ne se glorifient que de la croix de Christ, et qu'ils s'attachent avant tout à connaître Jésus crucifié ; qu'ils se souviennent de ces paroles de saint Grégoire : « Dieu a recueilli d'abord les ignorants, et ensuite les philosophes ; il ne s'est point servi des orateurs pour instruire les pêcheurs, mais il s'est servi de ceux-ci pour soumettre les premiers. »

Ayons pour les écrits des hommes l'estime qu'ils méritent ; mais n'en mettons aucun en parallèle avec la parole de Dieu. Acceptons leurs services ; mais n'en faisons jamais des compétiteurs ou des rivaux. Celui qui ne goûte pas l'excellence de l'Écriture Sainte a le cœur et l'intelligence corrompus. Un cœur régénéré se plaît à se nourrir de cette parole qui a été l'instrument de sa régénération. C'est cette divine parole qui imprime dans le cœur des croyants l'image de Dieu ; elle doit en conséquence leur être toujours très précieuse.

XII. Si vous voulez réussir dans l'œuvre du ministère, il faut que vous ayez le désir et l'espérance du succès.

Si vous ne mettez pas tout votre cœur à ce que vous faites, si vous n'aspirez vivement à la conversion et à l'édification de vos auditeurs, si l'espoir ne vous soutient pas dans vos études et dans vos travaux, vous n'aurez probablement que peu de satisfaction. Celui qui peut se résigner à travailler sans cesse sans voir aucun fruit de son travail ne peut s'attendre à le voir béni de Dieu : c'est le propre d'un Judas de faire plus de cas de l'argent que de l'œuvre elle-même ; et tel est le caractère de ceux qui se tiennent pour satisfaits quand ils ont reçu leur salaire, et que leur troupeau leur témoigne quelque considération. Mais ceux qui prêchent le salut au nom de Christ, ne doivent point avoir de repos qu'ils n'aient atteint au but de leur prédication. Quand un homme ne s'occupe que de ce qu'il doit dire, quand il n'a pour but que de donner à ses auditeurs une haute idée de ses talents, et quand il peut continuer à prêcher ainsi d'année en année, je suis tenté de croire que, quoiqu'il prêche Christ, il prêche pour lui-même et non pas pour Christ. Un médecin honnête et consciencieux ne peut trouver sa satisfaction à prescrire continuellement des remèdes, sans voir aucune amélioration dans l'état de ses malades ; un bon instituteur ne peut se résigner à instruire sans cesse et à ne voir aucun progrès chez ses élèves. Je sais néanmoins qu'un ministre fidèle peut éprouver quelque consolation dans ses travaux, tout en obtenant peu de succès ; car, « quoique Israël ne soit point rassemblé, notre œuvre est auprès de l'Éternel, » et nous sommes agréables à Dieu suivant ce que nous faisons, et non suivant ce que nous obtenons ; mais celui qui n'aspire point au succès n'éprouve point cette consolation, puisqu'il ne travaille pas fidèlement. D'ailleurs, nous ne travaillons pas seulement en vue de notre récompense, mais en vue du salut de nos frères. Et pour ma part, je ne puis sans étonnement voir des pasteurs qui ont passé vingt, trente ou quarante ans dans une église, livrés à des travaux infructueux, se résigner si patiemment à y rester. Si telle était ma position, peut-être n'oserais je pas quitter la vigne du Seigneur ou renoncer à ma vocation. Je soupçonnerais cependant que la volonté de Dieu m'appelle ailleurs, et que je dois céder la place à un meilleur ouvrier, et je ne me déciderais que bien difficilement à continuer une vie aussi inutile.

XIII. Dans tout le cours de notre ministère, nous devons être profondément pénétrés du sentiment de notre insuffisance et de notre dépendance de Jésus-Christ.

C'est à Jésus-Christ que nous devons demander la lumière, la vie et la force. Et quand nous sentons notre foi faible, notre cœur languissant, nous devons recourir à lui et lui dire : « Comment avec un cœur incrédule puis-je amener les hommes à croire ? Faut-il que je leur parle sans cesse de la vie éternelle et de la condamnation éternelle, et que je sois moi-même si peu touché de ces importantes vérités ? Daigne me donner les dispositions qui me sont nécessaires pour remplir la tâche que tu m'as confiée ! » La prière doit concourir au but de notre œuvre non moins que la prédication. Nous ne pouvons exhorter sérieusement nos fidèles, si nous ne prions ardemment pour eux ; si nous ne demandons à Dieu de leur donner la foi et la repentance, nous ne les amènerons jamais à croire et à se repentir ; si nous ne le prions de changer nos cœurs et ceux de nos fidèles, tous nos efforts seront infructueux.

XIV. Après avoir indiqué à chaque ministre toutes les parties de sa tâche, souffrez que j'appelle votre attention sur un devoir très important pour nous tous, je veux dire le soin de maintenir entre nous l'union, et de faire régner l'unité et la paix dans les églises que nous dirigeons.

L'union est indispensable pour la prospérité de l'Église chrétienne, pour le bien spirituel de chacun de ses membres, pour l'accroissement du royaume de Christ. Les ministres doivent ressentir toutes les blessures que reçoit l'Église, et loin de favoriser les divisions, ils doivent tout faire pour les prévenir, proposer des mesures d'union et les exécuter, accepter la paix qu'on leur offre, et la rechercher quand elle s'éloigne. Ils ne peuvent y réussir qu'en s'attachant à la simplicité primitive de la foi chrétienne et au solide fondement de l'unité catholique. Qu'ils aient en horreur la présomption de ceux qui, sous prétexte de détruire l'erreur et de défendre la vérité, n'inventent que des projets de désunion et de bouleversement ; qu'ils établissent la foi sur l'Écriture seule, et qu'ils ne se soumettent à aucune autre autorité. Si les papistes nous demandent quelle est la règle de notre foi, montrons-leur la Bible plutôt que tout ouvrage des hommes. — Apprenons à distinguer les vérités certaines, essentielles et universelles, de celles qui sont accessoires, ou du domaine des opinions particulières, et établissons la paix de l'Église sur les premières plutôt que sur les secondes. — Gardons-nous de confondre les erreurs réelles avec les erreurs purement nominales, et n'imitons pas ces théologiens irritables qui condamnent comme hérétiques des opinions qu'ils n'ont encore ni examinées ni comprises. Dans toutes les controverses, cherchons le véritable nœud de la difficulté, et ne leur attribuons pas plus de portée qu'elles n'en ont réellement. — Au lieu de disputer avec nos frères, unissons-nous contre nos ennemis communs ; lions-nous étroitement, au moyen de communications et de réunions fréquentes, sans nous inquiéter de quelques légères différences d'opinions. Les pasteurs doivent, autant que possible, travailler de concert à l'œuvre de Dieu, et c'est dans ce but que les synodes ont été institués. Ces assemblées ont été établies, non pour dominer et faire des lois, mais pour prévenir les divisions, pour maintenir la charité et l'union, et pour faire concourir les efforts de tous les ministres à l'accomplissement de l'œuvre que Dieu a remise entre leurs mains. Si les ministres de l'Évangile avaient été des hommes de paix, s'ils eussent été moins dominés par l'esprit de parti, l'Église de Christ serait plus florissante ; les différentes sectes n'auraient pas cherché à se renverser mutuellement ; elles ne se seraient point tenues dans cette défiance réciproque qui n'a eu pour résultat que de fortifier l'ennemi commun, et de nuire à l'édification et à la prospérité de l'Église.

3. Motifs de la surveillance du troupeau

Après avoir exposé de quelle manière nous devons prendre garde au troupeau, je mettrai sous vos yeux quelques-uns des motifs de la surveillance que nous avons à exercer, et je me bornerai à ceux qui sont indiqués dans mon texte.

I. La première considération que ce texte nous fournit est tirée de nos rapports avec le troupeau ; nous en sommes les surveillants.

Par la nature même de notre charge, nous devons prendre garde au troupeau ; c'est pour cela que nous sommes placés à sa tête. « Le titre d'évêque, dit Polydore Virgile, est plus onéreux qu'honorable. » Un évêque ou un pasteur ne sont pas des idoles offertes à l'adoration des fidèles, mais des guides chargés de conduire les pécheurs au ciel. Il est déplorable de voir des hommes embrasser une vocation dont ils ne connaissent ni la nature ni les devoirs. Ont-ils bien pesé la charge qu'ils se sont imposée, ces hommes qui vivent dans la nonchalance et les plaisirs, qui passent leurs heures dans de frivoles amusements ou dans de futiles conversations ? Songez-vous, mes frères, à ce que vous avez entrepris ? Vous vous êtes engagés à conduire les soldats de Christ « contre les principautés, les puissances et contre le prince des ténèbres. » Vous devez les endurcir aux plus rudes combats, leur découvrir les ruses et les stratagèmes de l'ennemi ; vous devez veiller vous-mêmes, et les tenir sur leurs gardes. La moindre négligence de votre part peut entraîner leur perte et la vôtre. Votre ennemi est rusé, soyez donc prudents ; il est vigilant, soyez-le vous-mêmes ; il est audacieux et infatigable, opposez-lui le courage et la persévérance. Vous êtes entourés d'une foule d'ennemis, il faut faire face à tous. — Quand vous n'auriez à instruire qu'un seul vieillard ignorant, ce serait déjà une tâche bien difficile, même en supposant qu'il eût la volonté d'apprendre ; et que serait-ce, s'il ne l'avait pas ! Mais, au lieu d'un seul ignorant à instruire, nous avons une multitude : il faut que nous passions notre vie à raisonner avec des hommes qui ont, pour ainsi dire, perdu l'usage de la raison, incapables de nous comprendre et de se comprendre eux-mêmes. Que de corruption dans une seule âme, et quelle multitude d'âmes corrompues ! — Quand nous croyons y avoir jeté la semence de la parole, il se trouve que nous avons semé pour les oiseaux de l'air ; les impies sont là, tout prêts à nous contredire. Pour une parole que nous adressons au pécheur, les émissaires de Satan lui en adressent mille. Et encore, avec quelle facilité les soucis et les inquiétudes de ce monde étouffent la bonne semence que nous avons répandue ! Quand la vérité n'aurait d'ennemis que dans le cœur de vos auditeurs, avec quelle promptitude ce cœur charnel et glacé n'éteindra-t-il pas les étincelles que nous y avons allumées ? elles y périront faute d'aliments. — Et quand nous croyons avoir réussi, quand nous voyons les hommes confesser leurs péchés, promettre de se réformer et de vivre comme des créatures nouvelles, nous avons à craindre que cette conversion ne soit pas sincère et qu'ils n'aient changé que leurs opinions et leurs habitudes, mais non leur cœur. — Combien de gens, après une amélioration sensible dans leur conduite, se laissent séduire par les avantages et les honneurs de ce monde, et retombent dans leurs anciennes convoitises! Combien qui ne font que renoncer à des habitudes honteuses, pour en prendre de plus décentes et qui jettent moins de trouble dans leur conscience! Combien s'enorgueillissent avant d'avoir acquis une connaissance solide de la religion, et, se confiant à la force de leur intelligence, adoptent avidement toutes les erreurs qu'on leur présente sous le nom de la vérité! — O mes frères! quel immense champ de combat est ouvert devant nous! Les chrétiens convertis, eux-mêmes, voient bientôt languir leurs grâces spirituelles, si vous négligez de les entretenir; ils ne se laissent que trop facilement entraîner à de coupables pratiques, à la honte de l'Évangile et à leur propre confusion.

Si telle est la tâche d'un ministre, vous voyez quelle vie il doit mener. Agissons donc avec toute notre énergie; que les difficultés nous animent au lieu de nous décourager! Si nous ne pouvons tout faire, faisons au moins ce que nous pouvons. Si nous ne remplissons pas tous ces devoirs, si nous croyons nous en être acquittés lorsque nous avons prêché, nous ne moissonnerons que ce que nous aurons semé.

Songez que c'est de votre plein gré que vous vous êtes engagés à accomplir cette tâche. Personne ne vous a contraints de vous faire les surveillants de l'Église; la probité la plus vulgaire vous fait donc un devoir de vous acquitter fidèlement de votre charge.

La dignité même de votre charge doit être pour vous un puissant encouragement. Vous avez l'honneur d'être les ambassadeurs de Dieu, les instruments dont il se sert pour « sauver les âmes de la mort, et pour couvrir ainsi une multitude de péchés. » L'honneur, à la vérité, n'est que l'accessoire de votre charge. Si donc, comme des prélats l'ont fait dans tous les âges de l'Église, nous n'aspirions qu'à être supérieurs à nos frères, si nous remplissions le monde du bruit de nos prétentions à la prééminence, nous prouverions par là que nous méconnaissons entièrement la nature des fonctions qui nous sont confiées. Que ne disputons-nous plutôt à qui entrera le premier dans la cabane d'un pauvre pour lui montrer le chemin du ciel ; qui entreprendra le premier la conversion d'un pécheur, ou qui deviendra le premier le serviteur de tous ? Comprennent-ils les devoirs que Christ leur a si clairement exposés, ceux qui ambitionnent l'honneur d'être les conducteurs spirituels de toute une province, quand ils n'ont ni la volonté ni le pouvoir de secourir les milliers de pécheurs qui implorent leur assistance ? ceux qui peuvent vivre tranquillement au milieu d'un cercle de personnes profanes sans les solliciter ardemment à la conversion ? ceux qui voudraient avoir la charge de tout un diocèse, quand ils sont incapables de diriger seulement une paroisse ? Quel est l'objet de leur ambition ? le titre et la dignité, ou le travail et la direction active ? Oh ! s'ils étaient résolus à se dévouer humblement et fidèlement pour Christ et son Église, sans songer aux titres et à l'éclat de la renommée, la considération s'attacherait à eux sans qu'ils se missent en peine de la rechercher : ils ne la perdent qu'en voulant y atteindre.

Les glorieux privilèges attachés au saint ministère doivent aussi vous encourager au travail. Si vous négligez l'œuvre, les privilèges ne vous appartiennent plus ; si le travail des autres hommes pourvoit à votre subsistance, si vous pouvez avec liberté d'esprit vous donner tout entier à vos fonctions sans vous préoccuper des moyens de gagner votre vie, c'est là un grand privilège ; mais il ne vous appartient légitimement que si vous remplissez toutes les obligations qu'il vous impose.

Ce privilège n'est pas le seul dont vous jouissiez ; vous en avez de plus précieux. N'est-ce donc rien que d'avoir été élevés pour cultiver la science, lorsque tant d'autres sont destinés à cultiver péniblement la terre ? N'est-ce rien que d'avoir l'esprit orné de connaissances précieuses, lorsque le reste du monde est plongé dans une grossière ignorance ? N'est-ce rien que de pouvoir vous entretenir avec des hommes éclairés sur les sujets les plus sublimes, lorsque tant d'autres ne peuvent s'entretenir qu'avec des hommes vulgaires et illettrés ? Quel glorieux privilège que de passer sa vie à étudier et à prêcher l'Évangile de Christ, à en sonder les mystères et à s'en nourrir, à contempler journellement la nature, les ouvrages et les voies de Dieu ! Tandis que les autres hommes n'ont que le jour du Seigneur, ou quelques heures dérobées à leurs travaux pour s'occuper des choses spirituelles, nous pouvons nous en occuper sans cesse ; nous pouvons presque sans interruption étudier, prier, louer Dieu, nous désaltérer à la source sanctifiante des vérités divines. Toutes nos occupations sont élevées et spirituelles ; dans le monde ou dans la retraite, toutes nos pensées doivent être pour notre céleste patrie. Oh ! si nos cœurs étaient en harmonie avec la sainteté de notre profession, combien notre vie serait douce et heureuse ! Que de bonheur nous trouverions dans l'étude, dans la prédication, dans les entretiens sur les choses éternelles !

Votre charge vous unit à Christ aussi bien qu'à votre troupeau. Vous êtes les gardiens de ses mystères, les dépositaires de ses grâces ; il vous soutiendra dans l'accomplissement de l'œuvre qu'il vous a confiée : soyez-lui fidèles, et il ne vous abandonnera point. Paissez son troupeau, et, plutôt que de vous laisser dans le besoin, il vous nourrira comme autrefois Élie ; il vous donnera « une langue et une sagesse auxquelles nul ennemi ne résistera, » si vous les consacrez à son service. Si vous tendez la main à ceux qui sont dans la détresse, il frappera d'impuissance quiconque oserait s'élever contre vous. Les pasteurs de l'Angleterre ont fait l'expérience de ses miséricordes ; plus d'une fois Dieu les a délivrés des mains de leurs persécuteurs ; plus d'une fois il les a soutenus contre les attaques du papisme, contre la tyrannie du pouvoir, contre les passions furieuses de leurs ennemis. Et pour qui Dieu a-t-il fait toutes choses ? Pour les ministres, ou pour son Église ? Sont-ils à ses yeux plus que les autres hommes ? Ne sont-ils pas formés de la même poussière ? Ne sont-ils pas pécheurs comme eux, et n'ont-ils pas comme eux besoin du secours de la grâce ? Qu'ils travaillent donc comme les rachetés du Seigneur, comme ceux qu'il s'est réservés pour son service ! Servez-le donc et soyez à lui sans réserve, puisque c'est pour cette fin qu'il vous a délivrés du péril.

II. Le second motif indiqué dans mon texte est tiré de la cause efficiente de notre vocation au saint ministère.

C'est le Saint-Esprit qui nous a faits surveillants de l'Église ; c'est donc pour nous un devoir impérieux de nous acquitter fidèlement d'une charge qu'il nous a lui-même confiée. L'action du Saint-Esprit établissant des pasteurs sur l'Église peut se considérer sous trois rapports différents : — il rend ceux qu'il y destine propres à cette charge ; — il donne aux pasteurs chargés de faire la consécration la faculté de reconnaître l'aptitude des candidats au saint ministère ; — enfin, il assigne à chaque ministre un champ de travail particulier. Dans le temps des apôtres, cette action du Saint-Esprit se manifestait fréquemment d'une manière visible et par une inspiration miraculeuse. Elle s'exerce maintenant d'une manière moins ostensible et sans sortir du cours ordinaire de la Providence ; mais c'est toujours le même Esprit qui agit, et les ministres sont, maintenant comme autrefois, établis par le Saint-Esprit, lorsqu'ils sont légitimement appelés. — C'est donc une étrange erreur de la part des papistes de prétendre que dans l'ordination d'un ministre l'imposition des mains soit plus nécessaire que la vocation du Saint-Esprit. Dieu a déterminé dans sa parole les attributions du saint ministère et les qualités nécessaires à ceux qui y aspirent ; or, ce que Dieu a établi ne peut être rejeté par les hommes ou regardé comme inutile. Dieu, qui a institué le saint ministère, donne également à quelques hommes les qualités nécessaires pour l'exercer, et tout ce qui reste à faire à l'Église, c'est de reconnaître quels sont ceux qui possèdent ces qualités, et de procéder à leur nomination et à leur installation.

Qu'ils sont donc sacrés les devoirs que nous impose cette vocation d'en haut ! Quand les apôtres furent enlevés par Jésus-Christ à leurs occupations séculières, ils quittèrent pour le suivre leurs travaux, leurs amis, leur famille. Quand Paul fut appelé par la voix de Christ, il obéit au céleste commandement. Quoique notre vocation ne soit ni si immédiate ni si extraordinaire, elle ne vient pas moins du Saint-Esprit. Gardons-nous d'imiter Jonas et de nous soustraire comme lui aux ordres de Dieu. Si nous négligeons notre tâche, Dieu a des aiguillons pour nous presser ; si nous abandonnons notre poste, il a des messagers pour nous atteindre et pour nous y ramener.

III. Le troisième motif indiqué dans notre texte est tiré de la dignité de l'objet.

C'est « l'Église de Dieu » que nous sommes appelés à surveiller, — cette Église, qui est le principal objet des soins de la Providence, qui est sanctifiée par l'Esprit divin, qui est le corps mystique de Christ, et dont les anges sont les gardiens et les serviteurs ! Oh ! quelle sainte charge nous nous sommes imposée, et comment y serions-nous infidèles ? Comment négligerions-nous le soin de la maison de Dieu ? Comment dédaignerions-nous de conduire ces saints qui doivent posséder un jour la gloire éternelle ? Dieu veuille-nous en préserver ! Je vous en conjure, mes frères, que cette pensée vous réveille de votre indolence ! Vous qui cherchez à vous soustraire à des devoirs pénibles, vous qui éloignez les âmes par votre religion formaliste et sans vie, croyez-vous ainsi rendre à l'épouse de Christ l'honneur qui lui est dû ? Les âmes des hommes qui doivent voir Dieu face à face et vivre éternellement avec lui dans le ciel, ne sont-elles pas dignes de tous vos soins sur la terre ? Croyez-vous que l'Église de Dieu ne mérite pas toute votre sollicitude ? Quand vous n'auriez à garder qu'un troupeau de vil bétail, vous ne le laisseriez point errer à l'aventure ni s'éparpiller ; laisserez-vous donc se perdre le troupeau de Christ ? Christ habite parmi ses enfants ; ils sont « une race choisie, un sacerdoce royal, une sainte nation, un peuple particulier destiné à révéler la gloire de Celui qui l'a appelé. » Comment pourriez-vous ne pas leur donner tous vos soins ? C'est déjà un honneur pour vous d'en faire partie, de n'être qu'un simple gardien dans la maison de Dieu. Qu'est-ce donc que d'être le chef de ce sacerdoce, le premier de ces sacrificateurs ? Quelle activité, quelle fidélité, quelle multitude d'obligations vous impose un titre si noble !

IV. Le dernier motif indiqué dans notre texte est le prix auquel a été rachetée l'Église que nous surveillons.

« Dieu, dit l'apôtre, l'a rachetée par son sang. » Quel puissant motif pour exciter notre zèle ! « Si Jésus-Christ, dit un ancien docteur de l'Église, m'avait confié une seule goutte de son sang, avec quel soin la conserverais-je ! Si donc il m'a confié ce qu'il a racheté au prix de tout son sang, avec quelle fidélité ne dois-je pas le garder ! » Mépriserons-nous donc le sang de Christ ? Nous persuaderons-nous que ceux pour qui il a été versé sont indignes de notre attention ? Tel est le crime des pasteurs négligents : autant qu'il est en eux, le sang de Christ a été versé en vain ; ils lui font perdre les âmes qu'il a rachetées à un si haut prix.

Toutes les fois que nous nous sentirons enclins à l'indolence et à la tiédeur, songeons aux reproches que peut nous adresser Jésus-Christ. « Je suis mort pour ces âmes, et tu ne daignes pas t'en occuper ! Je les ai rachetées par mon sang, et tu ne les juges pas dignes de tes soins ! Je suis descendu du ciel sur la terre pour sauver ce qui était perdu, et tu ne veux pas prendre la peine de faire quelques pas pour le chercher ! Qu'est-ce que ta peine auprès de la mienne ? Ce qui, pour moi, était une humiliation, est un honneur pour toi. J'ai souffert pour le salut des âmes, j'ai daigné t'associer à mon œuvre, et tu refuses de faire le peu de travail que je t'ai confié ! » Toutes les fois que nous sommes en présence de notre troupeau, rappelons-nous qu'il a été racheté par le sang de Jésus-Christ et qu'il mérite par conséquent notre plus tendre sympathie. Oh ! de quelle confusion sera couvert le ministre négligent, lorsque, au dernier jour, le sang du fils de Dieu s'élèvera en témoignage contre lui ! Lorsque Christ lui dira : « Tu as dédaigné les âmes achetées au prix de mon sang, espères-tu donc être sauvé par mon sacrifice ? » O mes frères ! craignons qu'après avoir travaillé au salut des autres, nous ne soyons nous-mêmes condamnés !

III
APPLICATION

1. Nécessité de l'humiliation

Mes chers frères, nous devons aujourd'hui nous humilier devant le Seigneur pour notre négligence passée, et pour le supplier de nous aider dans l'accomplissement de notre œuvre.

Nous ne pouvons obtenir ce secours que par une sincère repentance et par une profonde humiliation. Celui qui n'a pas assez le sentiment de ses fautes pour les déplorer amèrement, ne se sentira pas suffisamment pressé de les réparer. La douleur qui accompagne la repentance peut exister sans le changement du cœur ou de la vie, parce qu'un sentiment est plus facile à faire naître qu'une véritable conversion ; mais il faut cependant que cette douleur existe pour produire le changement. Et c'est ici le temps de confesser toute notre misère ; trop souvent nous exigeons de nos fidèles ce que nous ne faisons pas nous-mêmes.

Que de peine nous prenons pour les humilier, tandis que nous-mêmes ne nous humilions point ! Avec quelle insistance nous cherchons à leur arracher quelques larmes, tandis que nos yeux demeurent secs ! Nous cherchons par nos paroles à les toucher et à les attendrir, et nous leur donnons l'exemple de l'endurcissement. Combien nous serions différents de ce que nous sommes, si nous prenions autant de peine pour amender notre propre cœur que pour amender celui de nos frères ! Nous agissons, pour la plupart, comme si notre unique devoir était d'appeler les fidèles à la repentance, et le leur, de se repentir ; comme si c'était à nous de leur arracher des larmes, à eux d'en verser ; à nous de condamner le péché, à eux de l'éviter ; à nous de prêcher le devoir, à eux de l'accomplir.

L'Écriture Sainte nous apprend cependant que les conducteurs de l'Église confessaient leurs péchés aussi bien que ceux du peuple. Esdras confesse ses péchés en pleurant et en se prosternant devant la maison de Dieu. Daniel s'humilie en même temps que le peuple. Si nous considérons quels sont nos devoirs et combien nous les remplissons imparfaitement, nous reconnaîtrons que nous n'avons que trop sujet de nous humilier. Je dois le dire, quoique je me condamne moi-même en le déclarant, quiconque lit l'exhortation de saint Paul aux anciens de l'église d'Éphèse et rapproche sa conduite de cette règle, doit avoir le cœur complètement endurci, s'il n'éprouve pas un regret profond de sa négligence, s'il ne la déplore pas amèrement, s'il ne se sent pas pressé de recourir au sang de Christ pour obtenir son pardon. Je m'assure, mes frères, que chacun de vous reconnaît la nécessité de la confession, de la contrition et de l'humiliation, pour obtenir le pardon des péchés. Ne serait-il donc pas déplorable que notre cœur ne fût pas aussi orthodoxe que notre raison ? Quand nous avons confié à notre mémoire les exhortations que nous voulons adresser à nos auditeurs, nous n'avons encore fait que la moitié de notre tâche ; il faut en outre que notre cœur et notre volonté en soient bien pénétrés. Il est triste, sans doute, que notre prédication laisse nos auditeurs froids et indifférents ; mais il est encore plus triste qu'après avoir si longtemps prêché contre l'endurcissement du cœur, notre propre cœur soit devenu insensible.

Et afin que vous soyez bien convaincus que ce n'est pas sans raison que Dieu nous ordonne de nous humilier, je placerai sous vos yeux nos transgressions multipliées, pour que nous puissions les reconnaître et les confesser, et pour que « celui qui est fidèle et juste puisse nous les pardonner, et nous purifier de toute iniquité. » Je m'assure que vous consentez à ce que nous fassions ensemble le compte de nos voies, et que loin de vous offenser de ce que je pourrai dire d'humiliant pour vos personnes, vous serez vous-mêmes vos accusateurs. D'ailleurs, loin de prétendre me justifier moi-même en vous humiliant, je m'inscris tout le premier sur la liste des accusés ; car comment un misérable pécheur, coupable de si nombreuses et de si graves transgressions, prétendrait-il se justifier devant Dieu ? Comment, avec une conscience chargée de tant de fautes, oserait-il se dire innocent ? S'il y a ici un sujet de honte, ce sera pour les pasteurs eux-mêmes, mais non pour leur sainte charge. Cette charge, quelque relevée qu'elle soit, ne peut atténuer la honte de leurs péchés. Pasteurs ou fidèles, il n'y a que ceux qui confessent leurs péchés et qui y renoncent, qui trouveront miséricorde, tandis que l'endurcissement du cœur mène les uns et les autres à la perdition.

Je ne puis entreprendre d'énumérer toutes les transgressions dont nous nous sommes rendus coupables ; si donc j'en passe quelques-unes sous silence, il ne faudra pas en conclure que nous en soyons exempts ou que je les approuve. J'examinerai seulement celles qui sont les plus évidentes et qui exigent le plus impérieusement une prompte réparation.

Toutefois, je dois d'abord reconnaître que, malgré le grand nombre de nos imperfections, je ne crois pas que l'Angleterre ait jamais possédé un ministère aussi fidèle que celui qu'elle possède de nos jours[a]. Il s'est opéré depuis douze ans un changement si heureux, que c'est pour moi la joie la plus vive d'en avoir été le témoin. Combien de congrégations, en effet, autrefois plongées dans les ténèbres, qui jouissent maintenant des bienfaits d'une instruction simple et solide ! Combien, dans une seule province, s'est accru le nombre des pasteurs capables et fidèles ! Combien le Seigneur s'est plu à bénir les études d'une foule de jeunes gens qui sont maintenant plus éclairés que la plupart de leurs devanciers ! Que de bénédictions il a répandues en particulier sur ce comté de Worcester, en y suscitant un si grand nombre de ministres pieux qui se consacrent avec zèle et avec ardeur aux fonctions de leur charge et à l'édification de leur troupeau ! Je bénis Dieu de ce qu'il m'a placé dans une province où je puis entretenir des relations fraternelles avec tant de pasteurs fidèles,

---

a. En 1656 ; Baxter ne dirait plus la même chose, *de nos jours*.

humbles, paisibles et dévoués. Je me réjouirai toute ma vie du changement remarquable qui s'est manifesté aussi dans d'autres parties de l'Angleterre, où une foule de ministres zélés travaillent au salut des âmes sans se laisser décourager par l'opposition et le courroux de leurs adversaires. Je sais que quelques hommes dont j'estime les talents, qui ne partagent pas mes vues sur le gouvernement ecclésiastique, verront avec peine que je me réjouisse de ce changement ; mais je dois déclarer que je ne m'en réjouirais pas moins, quand même je serais entièrement partisan de l'épiscopat. Quoi ! je ne me réjouirais pas de la prospérité de l'Église, parce qu'il n'y a pas unanimité d'opinion sur la forme de son gouvernement ? Je fermerais les yeux pour ne pas voir les miséricordes du Seigneur ? Les âmes des hommes sont trop précieuses à mes yeux pour que je leur envie le pain de vie parce qu'il leur est distribué par des ministres qui n'ont pas l'approbation d'un prélat. Plût à Dieu que toutes les congrégations fussent ainsi pourvues ! Mais tout ne peut se faire à la fois ; il a fallu du temps pour réformer un ministère corrompu, et après que les ecclésiastiques ignorants et dépravés ont été éloignés, il faut encore du temps pour les remplacer par des hommes de talent et de piété ; et si l'Angleterre n'éteint pas volontairement le flambeau de l'Évangile, si elle ne s'oppose pas à tous les plans de réformation, elle peut devenir la nation la plus heureuse de la terre ; car je n'ai aucun doute que l'Évangile, annoncé par des ministres à la fois prudents et dévoués, ne triomphe à la fin des erreurs de toutes les sectes et de toutes les hérésies qui cherchent à s'insinuer parmi nous.

Ce n'est pas là, direz-vous, une confession de péchés,

mais plutôt l'éloge de ceux auxquels tant de reproches devaient être adressés. — Je répondrai que c'est un juste témoignage de ma reconnaissance pour la bonté de Dieu et pour ses miséricordes infinies. Il ne faut pas, en effet, en confessant les fautes de mes frères, méconnaître les grâces que Dieu a répandues sur eux. Venons maintenant à cette confession humiliante de nos transgressions.

I. Un de nos péchés les plus odieux et les plus manifestes, c'est *l'orgueil.*

Ce péché est malheureusement commun à tout homme ; mais il est plus odieux et plus inexcusable chez un pasteur. Et cependant, il domine tellement plusieurs d'entre nous, que c'est lui qui dicte nos discours, qui nous règle dans le choix de nos relations, dans le sujet et dans le ton de nos entretiens journaliers. A quelques-uns de nous il inspire des pensées d'ambition et de grandeur, des sentiments de jalousie envers ceux qui leur font obstacle et qui éclipsent leur gloire et leur réputation. L'orgueil est pour nous un compagnon inséparable, un maître tyrannique, un ennemi rusé. Il nous poursuit jusque dans notre cabinet et se met à l'ouvrage avec nous ; il choisit le sujet et souvent les expressions de nos sermons. Dieu nous recommande la simplicité, afin que nous puissions instruire les ignorants ; le sérieux et la sincérité, afin que nous puissions toucher les cœurs endurcis. Mais l'orgueil est là, qui nous donne d'autres conseils et qui nous fait rechercher les ornements superflus ; il énerve notre prédication sous prétexte d'en polir le style, il la surcharge d'ornements vains et futiles ; il la rend froide et obscure et nous pousse à parler d'une manière inintelligible sous prétexte de parler avec élégance ; il émousse le tranchant de nos paroles. Et tandis que Dieu nous recommande de parler aux hommes avec toute l'ardeur et toute la force dont nous sommes capables, l'orgueil est là qui nous invite à la désobéissance en nous disant : « Voulez-vous prêcher comme un furieux ? Ne pouvez-vous vous servir d'un langage plus modéré ? » C'est ainsi que l'orgueil, c'est-à-dire Satan, compose la plupart de nos sermons, leur donne la forme et l'expression, et les rend inefficaces, bien que le sujet en soit divin.

Et quand l'orgueil a composé notre sermon, il nous accompagne dans la chaire, il façonne notre geste et notre débit, et nous inspire la soif des applaudissements ; en un mot, dans nos études et dans notre prédication, il fait que nous nous cherchons nous-mêmes au lieu de chercher la gloire de Dieu, tandis que nous devrions nous demander : Que dirai-je, et comment le dirai-je, pour être agréable à Dieu et pour faire le plus de bien ? L'orgueil nous pousse à nous demander : Que dirai-je, et comment le dirai-je, pour acquérir la réputation d'un prédicateur éloquent et pour être applaudi de mes auditeurs ? Quand notre prédication est terminée, l'orgueil nous accompagne dans notre demeure et nous rend plus empressés à savoir si nous avons été applaudis, qu'à savoir si nous avons fait sur les âmes de sérieuses impressions à salut. La pudeur seule nous empêche de demander à nos auditeurs comment ils ont trouvé notre sermon et de mendier leurs éloges. Si nous nous apercevons que l'on fait cas de notre prédication, nous nous réjouissons comme si nous avions atteint le but ; mais si l'on ne nous regarde que comme des prédicateurs ordinaires, nous sommes découragés comme si nous l'avions manqué.

Ce n'est pas tout ; ce n'est pas même ce qu'il y a de plus triste. Il y a des ministres tellement avides de considération et de popularité, qu'ils envient les talents et la position de ceux de leurs frères qui leur sont préférés, comme si leur réputation perdait tout ce que gagne celle d'un autre, comme si les dons de Dieu étaient pour eux des ornements destinés à les parer dans le monde, et comme si ceux qu'il a accordés à d'autres devaient être méprisés et foulés aux pieds, parce qu'ils leur font obstacle ! Quoi ! un pasteur, un prédicateur de Christ porte envie à son frère et cherche à rabaisser ses talents, parce qu'il craint que les siens n'en soient éclipsés ! Un vrai chrétien n'est-il pas membre du corps de Christ, et, comme tous les autres membres, ne participe-t-il pas à la gloire du corps entier ? Tout homme ne doit-il pas rendre grâces à Dieu des dons de ses frères, non seulement parce qu'il y participe, mais aussi parce que le but peut être atteint par ces dons aussi bien que par les siens propres ? Ce but, c'est la gloire de Dieu, la prospérité de l'Église ; si ce but n'est pas le sien, il ne peut s'appeler chrétien. Un ouvrier doit-il porter envie à son compagnon parce que celui-ci l'aide à faire l'œuvre de son maître ?

Et cependant ce péché odieux n'est que trop commun parmi les membres de l'Église. Ils ne se font pas scrupule de chercher à ternir la réputation de ceux qu'ils considèrent comme des rivaux ; s'ils n'osent le faire ouvertement, dans la crainte de passer pour des calomniateurs, ils le font indirectement et par de perfides insinuations. Quelques-uns sont tellement dominés par cette honteuse passion, qu'ils ne veulent pas céder leur chaire à un prédicateur plus éloquent, dans la crainte qu'il ne recueille des applaudissements qu'ils regardent comme leur bien propre. C'est une chose déplorable, qu'un homme qui a quelque crainte de Dieu soit jaloux des dons de Dieu et aime mieux voir ses auditeurs demeurer impénitents et inconvertis que d'en voir un autre les réveiller et les convertir. Cela va si loin, que dans les grandes congrégations qui ont besoin du ministère de deux ou de plusieurs prédicateurs, il est difficile que deux ministres également doués vivent ensemble en bonne harmonie et poursuivent d'un commun effort l'œuvre de leur divin maître ; à moins que l'un des deux ne soit décidément inférieur à l'autre et ne consente à être son second et à recevoir la loi de lui, ils luttent entre eux pour la prééminence, ils se jalousent l'un l'autre, ils vivent dans une froideur et dans une inimitié réciproque, déshonorant ainsi leur ministère et compromettant l'édification de leur troupeau. Plus d'une fois, lorsque j'ai voulu représenter à quelques personnes qu'une nombreuse congrégation devait avoir plus d'un ministre, il m'a été répondu que s'il y en avait plusieurs, ils ne pourraient s'accorder ensemble. J'ai la confiance qu'il n'en est point ainsi dans beaucoup de cas ; mais je crains bien que cela ne soit vrai dans quelques-uns. Tel est l'orgueil de quelques pasteurs que, plutôt que de voir un second partager avec eux l'honneur de la conduite de leur troupeau et leur influence sur les fidèles, ils aiment mieux rester seuls chargés d'un fardeau qui accable leur faiblesse.

C'est encore l'orgueil qui rend les ministres si entiers dans leurs opinions, si fortement opposés à ceux qui ne pensent pas comme eux sur des points secondaires. Ils veulent que tout le monde se soumette à leur jugement, comme s'ils étaient les maîtres et les arbitres de la foi de l'Église. Tandis que nous nous élevons contre l'infaillibilité du pape, nous ne sommes pas éloignés, pour la plupart, de nous faire papes nous-mêmes et de vouloir imposer la croyance à notre infaillibilité. Il est vrai que nous n'annonçons pas ouvertement cette prétention ; ce n'est qu'à l'évidence de la vérité telle que nous l'établissons, que nous voulons voir les hommes se soumettre ; mais, comme la vérité n'est, à notre sens, que ce que nous croyons, ce sont, dans le fait, nos opinions et nos raisonnements que nous voulons imposer. Et si, après avoir examiné nos arguments, on les trouve vicieux ou faibles, nous sommes tout prêts à nous en irriter comme d'un outrage personnel. Nous épousons si étroitement la cause de nos erreurs, que tout ce qui est dit contre elles nous semble être dit contre nous, et nous nous affligeons de voir attaquer nos raisonnements, quoiqu'ils soient souvent contraires à la vérité et dangereux pour les âmes.

Telle est la susceptibilité de notre orgueil, que lorsque d'autres personnes sont appelées par devoir à nous reprendre ou à nous contredire, nous ne pouvons supporter ni leurs reproches ni la manière dont ils nous sont adressés. L'homme le moins estimable sera bien venu de nous, s'il adopte nos opinions et s'il fait l'éloge de nos talents ; mais nous ne pouvons souffrir celui qui nous avertit franchement de nos fautes et de nos manquements. Cette contradiction nous est surtout pénible, lorsqu'elle est publique. Sans doute, nous devons avoir horreur de la raillerie, et ménager soigneusement la réputation de nos frères ; mais trop souvent aussi nous avons le tort de regarder comme nos ennemis ceux qui ne nous admirent point autant que nous voudrions être admirés et qui n'adoptent point comme des vérités nos opinions, même les plus fausses.

Je l'avouerai ; c'est pour moi un sujet d'étonnement de voir que l'on attache peu d'importance à un péché si odieux, et que l'on regarde cette disposition comme compatible avec la piété et la sainteté, lorsque nous nous élevons avec tant de véhémence contre des fautes bien moins graves. Lorsque nous nous adressons à des ivrognes, à des mondains, à des hommes ignorants et inconvertis, nous ne les ménageons point, nous les avertissons franchement de leur état de péché et de misère ; bien plus, nous voulons qu'ils nous écoutent patiemment et qu'ils nous sachent gré de nos exhortations. De leur côté, ils prennent souvent nos reproches en bonne part, et nous considèrent d'autant plus que nous leur parlons plus franchement et plus sérieusement. Mais si nous avertissons un ministre de ses fautes et de ses erreurs, si nous n'avons soin d'adoucir nos reproches par des éloges, au point de rendre ceux-là insignifiants, ils les regardent comme une injure personnelle dont ils ont le droit de s'offenser.

Cette confession, mes frères, est pénible ! mais nous devons être plus affligés de cet état de choses que de nous l'entendre reprocher. Si le mal pouvait être caché, je ne l'aurais point découvert, du moins aussi publiquement. Mais, hélas ! il est depuis longtemps connu de tout le monde. Nous nous sommes déshonorés en recherchant l'honneur avec trop d'empressement ; nous avons nous-mêmes révélé notre honte à tous les yeux. Le monde ne peut croire à la piété d'un ministre entaché de ce vice : et si nous ne le détestons pas, si nous n'en gémissons pas, si nous ne nous humilions pas devant Dieu, notre piété n'est qu'une hypocrisie. Que chacun de nous s'examine, qu'il se repente et qu'il veille !

Je dois le dire cependant ; je n'enveloppe pas dans cette accusation tous les ministres de Christ. Il y a, grâces à Dieu, parmi nous, des hommes remarquables par leur douceur et leur humilité, et qui sont dignes d'être proposés comme modèles à leur troupeau et à leurs collègues dans le ministère. C'est là leur gloire dans ce monde et dans l'autre ; c'est là ce qui les rend agréables devant Dieu, devant les hommes pieux, et même devant les impies. Puissions-nous tous leur ressembler ! Puisse le Seigneur nous amener à ses pieds, versant des larmes de confusion et de repentir ! Qu'il me soit permis, mes frères, d'en appeler à vos consciences, et de vous faire sentir la honte et l'énormité de ce péché. L'orgueil n'est-il pas le péché des démons, le premier-né de l'enfer ? N'est-ce pas en lui que se révèle surtout l'image de Satan ? et peut-on le tolérer dans des hommes, engagés comme nous, à combattre contre le royaume du démon ? Le dessein de l'Évangile est de nous humilier ; l'œuvre de la grâce doit être commencée et achevée en toute humilité. L'humilité n'est point simplement un ornement pour un chrétien ; c'est une qualité essentielle de la nouvelle créature. Etre chrétien et ne pas être humble, implique contradiction. Tous ceux qui veulent être chrétiens doivent être les disciples de Christ, et « aller à lui pour apprendre ; » et la leçon qu'il leur donne, c'est qu'ils soient « doux et humbles. » Les préceptes et les exemples de notre Seigneur vont tous à cette fin. Pouvons-nous être fiers et orgueilleux quand nous voyons notre divin maître laver et essuyer les pieds de ses serviteurs ? Pouvons-nous dédaigner et éviter la compagnie des pauvres, quand nous le voyons vivre et converser habituellement avec eux ? Hélas ! la plupart de nous se trouvent plus souvent dans la demeure du riche que dans l'humble chaumière du pauvre, qui cependant a surtout besoin de nous. Il semble que nous rougissions d'être avec les personnes humbles et petites, selon le monde, de les instruire dans la voie du salut, comme si nous n'avions à répondre que des âmes des grands et des riches.

De quoi donc sommes-nous si fiers ? Est-ce de notre corps ? Mais n'est-il pas fait des mêmes éléments que celui des brutes ? N'est-il pas, comme le leur, sujet à la corruption et à la pourriture ? Est-ce des grâces que nous avons reçues ? Mais plus nous en sommes orgueilleux, moins nous avons sujet de l'être, puisque l'humilité fait partie essentielle de la grâce. — Est-ce de notre savoir et de nos connaissances ? — Mais si nous savons quelque chose, nous devons savoir combien nous avons de motifs pour être humbles ; et si notre savoir surpasse celui des autres, notre humilité aussi doit surpasser la leur. Combien tout ce que nous savons est peu de chose, auprès de ce que nous ignorons ! et combien nous avons peu sujet de nous enorgueillir ! D'ailleurs les démons n'en savent-ils pas beaucoup plus que nous ; et pouvons-nous être fiers d'une science dans laquelle nous leur sommes inférieurs ? Notre grande tâche est d'enseigner l'humilité à notre troupeau ; il serait donc absurde de ne pas la pratiquer nous-mêmes.

Chose déplorable ! nous ne nous mettons pas assez

en garde contre ce péché ; nous l'apercevons et nous le blâmons dans les autres, mais nous ne le remarquons point assez en nous. Le monde accuse la plupart d'entre nous d'aspirer à la prééminence, d'avoir un esprit de domination, de vouloir tout conduire et tout diriger, et de ne pouvoir souffrir la moindre contradiction. On nous accuse de ne pas chercher la vérité, mais de vouloir imposer nos opinions. Notre orgueil est si évident que tout le monde en est choqué, et nous sommes les seuls à ne pas l'apercevoir.

Je dois vous parler sérieusement et franchement : réfléchissez-y bien : Croyez-vous vous sauver en prêchant l'humilité et en vous livrant vous-mêmes à l'orgueil ? Croyez-vous, en agissant ainsi, être sincères dans vos exhortations ? Quand nous disons à un homme adonné à l'ivrognerie qu'il ne peut être sauvé à moins qu'il ne devienne tempérant ; à un fornicateur qu'il ne peut être sauvé à moins qu'il ne devienne chaste, ne devons-nous pas nous dire à nous-mêmes, si nous sommes orgueilleux, que nous ne pouvons être sauvés qu'en devenant humbles. En effet, l'orgueil est un plus grand péché que l'ivrognerie ou l'impureté ; et l'humilité n'est pas moins nécessaire que la sobriété et la chasteté. Un homme peut se damner aussi sûrement en prêchant l'Évangile et en affectant une vie sainte, qu'en se livrant aux excès de l'ivrognerie et de l'impureté. Celui qui est saint vit pour Dieu : celui qui est réprouvé vit pour lui-même. Et est-il un homme qui vive plus pour lui et moins pour Dieu que l'orgueilleux ? Et l'orgueil ne peut-il pas faire qu'un prédicateur étudie, prie, prêche et vive pour lui-même, quand il semble surpasser ses collègues dans l'exercice de ses devoirs ? L'œuvre, dépouillée de son principe, ne peut nous justifier. En faisant l'œuvre de Dieu, nous pouvons la faire pour nous et non pour lui.

Je dois l'avouer, si je ne veillais continuellement sur moi, je courrais risque de n'avoir dans mes études, dans mes prédications, dans mes écrits, d'autre objet que moi-même.

Considérez, mes frères, combien l'œuvre du ministère renferme de pièges capables de nous faire tomber dans l'égoïsme, même en accomplissant des œuvres de piété. Une réputation de piété est aussi séduisante qu'une renommée de savoir. Mais malheur à celui qui prend un renom de piété pour la piété elle-même! Malheur à lui, car il aura reçu sa récompense! » Lorsque la science et les vaines formalités étaient en vogue, les tentations du pasteur orgueilleux venaient de ce côté. Mais maintenant que, grâces à Dieu, on recherche surtout une prédication sérieuse et pratique, et que l'on honore hautement la piété, l'homme orgueilleux est tenté par la renommée de prédicateur sérieux et de pasteur pieux. Combien il est glorieux de voir les fidèles s'empresser pour nous entendre, être touchés de nos paroles et nous soumettre leurs esprits et leurs cœurs! Combien il est glorieux d'être proclamé comme le plus habile prédicateur de la contrée, comme un homme hautement doué, sous le rapport spirituel! Hélas! mes frères, une petite portion de la grâce divine, jointe à de si puissantes séductions, vous portera à vous mettre dans les rangs des plus zélés promoteurs de la cause de Christ. Je dirai plus, l'orgueil tout seul et sans la grâce suffirait pour vous y pousser. Veillez donc sur vous-mêmes, et, parmi vos études, ne négligez pas celle de l'humilité.

« Celui qui s'élève sera abaissé, et celui qui s'abaisse sera exalté. » Tous les hommes en général, les méchants comme les bons, détestent les orgueilleux et aiment les personnes humbles. L'orgueil lui-même, pour être bienvenu, revêt souvent les apparences de l'humilité. Nous avons d'autant plus de motifs pour veiller sur nous, que ce péché, profondément enraciné dans notre âme, est bien difficile à extirper.

II. Nous ne nous consacrons pas à l'œuvre du Seigneur aussi sérieusement et aussi entièrement que nous le devrions.

Je bénis Dieu de ce qu'il y a beaucoup de pasteurs qui font l'œuvre de leur maître avec tout le zèle possible ; mais, hélas ! avec quelle négligence la plupart d'entre eux, même ceux que nous regardons comme des ministres pieux, s'acquittent-ils de leur ministère ! Mais il n'y en a que trop peu parmi nous qui remplissent leur tâche comme s'y étant complètement dévoués ! A l'appui de cet aveu humiliant, je citerai quelques exemples de notre coupable négligence.

Si nous étions entièrement dévoués à notre œuvre, nous ne serions pas si négligents dans nos études. Il y a peu d'hommes qui prennent la peine nécessaire pour cultiver leur intelligence, et pour se rendre propres à l'accomplissement de leurs devoirs. La plupart n'ont aucun plaisir à l'étude ; ils y consacrent seulement une heure de temps en temps, et ils la quittent comme une tâche désagréable. Et pourtant, le désir naturel d'acquérir des connaissances, le sentiment de notre ignorance et de notre faiblesse, et la pensée de l'importance de notre œuvre, ne devraient-ils pas nous engager à étudier et à rechercher la vérité? Que de choses un ministre devrait savoir, et qu'il est honteux pour lui de les ignorer! Quand nous aurions tant de livres à lire, tant de connaissances à acquérir, la plupart de nous ne travaillent qu'à la composition de leurs sermons et ne font rien de plus. Nous n'apportons pas même à la composition de nos sermons tout le soin que nous devrions; nous nous bornons à exposer quelques vérités connues, sans chercher le moyen le plus efficace de les faire pénétrer dans la conscience et dans le cœur de nos auditeurs. Nous devrions nous étudier à convaincre les hommes, à les toucher à l'endroit sensible, et ne pas nous contenter d'une improvisation faible et superficielle. Soyez bien persuadés, mes frères, que les connaissances ne s'acquièrent que par un travail soutenu et infatigable.

Si nous étions réellement dévoués à notre œuvre, nous la poursuivrions avec plus de vigueur et avec plus de sérieux que nous ne le faisons pour la plupart. Combien y a-t-il de ministres qui prêchent avec toute l'énergie dont ils sont capables, et qui parlent des félicités et des peines éternelles de manière à persuader à leurs auditeurs qu'ils en parlent sérieusement? Il est bien douloureux de voir un prédicateur s'adresser à des auditeurs indifférents et engourdis, et de ne pas entendre sortir de sa bouche une parole qui puisse les réveiller. Nous prêchons si mollement et si froidement, qu'il n'est pas rare que les pécheurs s'endorment en nous écoutant. Nos discours effleurent à peine leur conscience. Il y a des ministres qui ne prennent pas même la peine d'élever la voix et d'animer leur débit; ou, s'ils ont quelque véhémence, elle est si peu en rapport avec leur sujet, que leur prédication n'est qu'un vain bruit qui demeure sans effet, parce que leurs auditeurs n'y comprennent rien. Ils ont à leur disposition les doctrines les plus importantes, mais ils négligent d'en faire l'application à la conscience de leurs auditeurs ; ils pourraient produire un bien immense, et soit impuissance, soit faiblesse de volonté, leurs travaux sont sans résultat.

O mes frères ! avec quel zèle, avec quelle ardeur, avec quel sérieux nous devrions transmettre un message d'où dépendent la vie et la mort éternelle de nos frères ! Le sérieux, voilà ce qui nous manque le plus, et c'est pourtant ce qui nous est le plus nécessaire. Eh quoi ! nous pouvons parler froidement de Dieu et du salut des âmes ! nous pouvons, quand il s'agit de la conversion des pécheurs, demeurer nous-mêmes tranquilles et indifférents ! Au nom de Dieu, mes frères, lorsque vous montez en chaire, réveillez vos propres cœurs, afin de pouvoir réveiller ceux de vos auditeurs. Quand même vous exalteriez la religion dans vos discours, si vous le faites avec froideur, votre débit sera en contradiction avec vos paroles. C'est pour ainsi dire mépriser ces grandes choses que d'en parler sans chaleur et sans affection. Si la parole de Dieu nous recommande « de faire selon notre pouvoir tout ce que nous aurons moyen de faire, » cette règle doit être sacrée pour nous, surtout quand nous prêchons pour le salut des âmes.

Je ne vous dirai pas d'élever sans cesse la voix dans votre prédication ; mais je vous recommanderai un sérieux constant et une certaine chaleur d'action et de débit, lorsque le sujet l'exigera, par exemple, dans l'application. Parlez à vos auditeurs comme à des hommes qui doivent se réveiller ou sur la terre ou dans l'enfer. Voyez-les des yeux de la foi, songez aux tourments éternels qu'ils doivent endurer, et vous serez nécessairement touchés de leur condition.

Oh ! gardez-vous de parler avec froideur et indifférence du bonheur et du malheur éternel ; gardez-vous que l'on aperçoive dans vos discours de la faiblesse ou de la légèreté. Vos auditeurs ne seront point amenés à faire le sacrifice de leurs passions et de leurs jouissances, à la voix d'un homme qui ne paraît pas parler du fond de son cœur, ni se soucier qu'on l'écoute ou non. Il est vrai que ce que vous faites est l'œuvre de Dieu, et qu'il peut l'accomplir par les moyens les plus faibles ; mais cependant Dieu se sert d'instruments pour accomplir ses desseins, et il veut que le sujet et la forme de la prédication concourent l'un et l'autre à l'achèvement de son œuvre.

Auprès de la plupart des auditeurs, la prononciation et le son de voix ont une certaine importance. La prédication la plus substantielle leur fera peu d'impression, si elle manque de chaleur et de vie.

Évitez surtout l'affectation et parlez à vos auditeurs aussi simplement que dans un entretien particulier. Le manque de familiarité est un défaut que nous devons soigneusement corriger. Celui qui a un ton monotone et déclamatoire, comme un écolier qui répète sa leçon, produira peu d'impression. Réveillons-nous donc, pour faire l'œuvre du Seigneur ; n'oublions pas, en parlant à notre troupeau, qu'il s'agit de le sauver par force et de l'arracher du feu. Ce n'est pas en parlant faiblement que nous enlèverons les âmes à Satan ; il faut les assiéger en règle, les foudroyer avec la Parole de Dieu, et ne pas cesser votre feu que nous ne les ayons battues en brèche.

Comme nous nous adressons à des créatures raisonnables, qui parfois abusent de leur raison pour combattre la vérité, nous devons nous efforcer de porter la conviction dans leurs esprits, de faire briller à leurs yeux la lumière de l'Écriture, en sorte qu'ils ne puissent pas ne pas la voir. Un sermon qui manque de clarté, de force et de vie, n'est qu'un stérile assemblage de mots. Dans la prédication, nous établissons une communion entre notre âme et celle de nos auditeurs, nous les animons, pour ainsi dire, de notre esprit. Il faut que notre intelligence éclaire la leur, que notre âme échauffe et ranime leur âme, que notre volonté guide et maîtrise leur volonté. Les grandes vérités que nous annonçons ont pour elles la raison et l'évidence de la Parole de Dieu ; nous devons, en conséquence, avoir à notre disposition assez de preuves pour convaincre l'esprit de nos auditeurs, pour renverser toutes leurs objections, pour les forcer à se rendre à l'évidence.

Si nous sommes dévoués de cœur à l'œuvre de Dieu, pourquoi n'avons-nous pas pitié des congrégations dépourvues de pasteurs, et pourquoi ne nous efforçons-nous pas de leur en procurer ? — Ne devrions-nous pas aller quelquefois à leur secours, lorsque nos occupations nous en laisseront le temps ? Un sermon sur la conversion, prêché par un prédicateur habile et pieux, pourrait faire le plus grand bien à un troupeau dépourvu des moyens ordinaires d'édification.

III. On peut nous accuser d'avoir plus égard à nos intérêts temporels qu'à ceux de Christ. Je le prouverai par trois exemples.

D'abord, par la facilité avec laquelle les ministres se plient aux circonstances. Sans doute, je ne voudrais pas vous encourager à désobéir aux ordres légitimes de ceux qui vous gouvernent; mais c'est un sujet de reproche pour bien des ministres, que la docilité avec laquelle ils se soumettent au parti qui doit leur assurer le plus d'avantages temporels. S'ils recherchent l'avancement et leurs intérêts mondains, ils s'attachent au pouvoir séculier; s'ils sont avides de popularité, ils s'attachent au parti ecclésiastique qui est le plus en honneur. C'est un mal universel. Sous le règne de Constantin, presque tous les pasteurs étaient orthodoxes; sous celui de Constance, ils devinrent presque tous ariens; bien peu d'évêques furent exempts d'apostasie, même parmi ceux qui avaient assisté au concile de Nicée. Pouvait-on en effet s'attendre à autre chose, quand l'exemple était donné non seulement par Liberius, mais par le grand Osius lui-même, qui avait présidé tant de conciles orthodoxes? Si ce n'était pour des avantages temporels, comment se ferait-il que dans tous les pays la plupart des ministres fussent toujours de la secte qui est le plus en crédit et le plus favorable à leurs intérêts? Chez les grecs, tous les ministres appartiennent à l'église grecque; chez les catholiques romains, ils sont tous papistes; en Norvège, en Suède et en Danemark, ils sont presque tous luthériens. Il serait étrange que, dans un pays, ils fussent tous attachés à la vérité, et à l'erreur dans un autre, si les hommes, tout en recherchant la vérité, ne se laissaient pas influencer par la considération des avantages temporels. La diversité des esprits, et une foule d'autres circonstances, occasionneraient inévitablement une grande variété d'opinions. Mais que le souverain et les hommes en autorité se prononcent dans un sens, et vous verrez la généralité des ministres tomber d'accord avec eux et suivre sans peine la même voie. Avec quelle facilité les ministres de notre pays ont changé de religion, pour suivre l'exemple du prince ! Non pas tous, sans doute, comme le témoigne notre martyrologe, mais la plupart. Cette coupable faiblesse est aussi la nôtre, à tel point que nos ennemis disent que la réputation et l'avancement sont notre religion et notre récompense.

En second lieu, nous nous inquiétons trop des choses de ce monde et nous négligeons nos devoirs quand ils blessent nos intérêts temporels. — Combien en est-il parmi nous qui s'occupent de leurs affaires privées préférablement à celles de l'Église ! Lorsque nous sommes appelés à nous réunir pour conférer ensemble, et pour nous encourager mutuellement à l'accomplissement de nos devoirs, nous avons toujours quelque affaire qui nous en empêche et que nous regardons comme plus importante que l'œuvre de Dieu. Il n'est que trop commun de voir les ministres s'occuper presque exclusivement des choses de ce monde ; il n'est que trop commun de les voir suivre le conseil qui leur est donné par quelques-uns, de cultiver la terre, de travailler pour vivre et de prêcher sans tant d'études. Ils aiment mieux s'occuper du soin de leurs affaires que du soin de leur église. Quelle négligence n'apportons-nous pas dans les devoirs dont l'accomplissement pourrait nous causer quelque préjudice. Ne se trouve-t-il pas parmi nous plusieurs ministres qui n'osent pas ou ne veulent pas mettre la discipline en vigueur dans leur église, parce qu'ils craignent de diminuer les redevances qu'ils reçoivent de leur troupeau. Ils ne veulent point offenser les pécheurs, de peur que ceux-ci ne fassent tort à leurs intérêts ; ils se laissent guider par des considérations d'argent, eux qui proclament en chaire que « l'amour des richesses est la source de toutes sortes de maux, » eux qui font de longs discours contre le danger de l'avarice. Si le magicien Simon se rendit coupable en voulant acheter à prix d'argent les dons de Dieu, quel n'est pas le crime de ceux qui osent vendre ces mêmes dons, la cause de Dieu et les âmes immortelles ! Ne devons-nous pas craindre que « nos richesses ne périssent avec nous ? »

Enfin, nous sommes stériles en œuvres de charité, et nous avons de la répugnance à employer ce que nous possédons au service de notre maître. — Si les intérêts mondains ne l'emportaient pas sur ceux de Jésus-Christ et de son Église, la plupart des ministres abonderaient plus en bonnes œuvres et seraient plus empressés à faire des sacrifices pour la gloire de leur maître. L'expérience prouve que les œuvres de charité sont efficaces pour éloigner les préjugés et ouvrir les cœurs aux exhortations pieuses. Si les hommes vous voient faire le bien, ils croiront plus facilement que vous êtes dans la bonne voie et que vous voulez les y conduire. Quand ils verront que vous les aimez, ils auront plus de confiance en vous ; quand ils reconnaîtront que vous ne recherchez point les choses du monde, ils suspecteront moins vos intentions et seront plus aisément amenés à chercher ce que vous cherchez vous-mêmes. Que de bien pourraient faire les ministres, s'ils s'y adonnaient entièrement, et s'ils y consacraient ce qu'ils possèdent !

Ne dites pas qu'il importe peu de faire du bien au corps et que ce n'est pas le moyen de gagner les âmes à Dieu :

car, en faisant du bien aux hommes, vous écartez les préjugés qui s'opposent à leur conversion. Si les hommes étaient disposés à nous entendre, nous leur serions plus utiles ; or, en leur faisant du bien, nous les amenons à cette disposition. Vous ne devez pas, mes frères, vous contenter d'une charité commune, pas plus que d'une piété commune : vous devez surpasser les autres. Il ne vous suffit pas de donner un léger secours à un pauvre ; d'autres pourraient en faire autant. Je sais que vous ne pouvez donner ce que vous n'avez pas ; mais tout ce que vous avez doit être consacré à Dieu.

Vous me direz peut-être : « Nous avons une famille à pourvoir ; nous ne pouvons la laisser dans la pauvreté. » — A cela je réponds : — Il y a peu de textes de l'Écriture-Sainte dont on ait plus abusé que de celui-ci : « Celui qui n'a pas soin des siens, et particulièrement de ceux de sa maison, a rejeté la foi et est pire qu'un infidèle. » On s'appuie sur ce texte pour amasser du bien afin de le laisser à sa famille ; mais cela repose sur une fausse interprétation. L'apôtre parle ici contre ceux qui mettent leurs parents pauvres et leur famille à la charge de l'Église, quand ils auraient pu les entretenir eux-mêmes. Les lignes suivantes prouvent que l'apôtre avait en vue leur subsistance présente et non leur subsistance à venir : « Que ceux, dit-il, qui ont des veuves les soulagent ; qu'ils ne les mettent point à la charge de l'Église, afin que l'Église puisse secourir celles qui sont véritablement veuves. »

De plus, vous pouvez, comme tout le monde, élever vos enfants de manière à ce qu'ils gagnent leur vie en travaillant. Je sais que votre charité doit embrasser votre famille, mais elle ne doit pas l'embrasser seule. Vous devez faire votre possible pour élever vos enfants de manière à ce qu'ils puissent servir Dieu ; mais vous n'êtes point obligé de leur laisser de la fortune, ni de restreindre pour cela vos œuvres de charité. Il doit y avoir une proportion entre ce que vous faites pour votre famille et ce que vous faites pour l'Église de Christ. Cette proportion sera exactement appréciée par un cœur zélé, charitable, dévoué à Dieu : il se demandera comment il pourrait être le plus utile à la cause du Seigneur, et il marchera dans cette voie.

Si les vanités mondaines ne nous aveuglaient point, nous apercevrions mieux les circonstances dans lesquelles nous devons sacrifier au bien public l'intérêt de nos familles. Pourquoi ne vivrions nous pas plus simplement et plus étroitement, afin de pouvoir faire ces œuvres qui doivent passer avant le soin de notre fortune ? Mais nous écoutons la chair et le sang ; nous voulons, disons-nous, avoir le nécessaire, et pour plusieurs d'entre nous, ce nécessaire n'est guère au-dessous de celui du mauvais riche de la parabole.

Et cependant, celui qui prêche pour une couronne immortelle ne devrait pas s'attacher à des vanités passagères. Celui qui prêche le mépris des richesses devrait les mépriser lui-même. Celui qui prêche le renoncement et la mortification devrait pratiquer ces vertus, s'il veut convaincre ses auditeurs de sa bonne foi. Tous les chrétiens sont sanctifiés, et par conséquent tout ce qu'ils possèdent doit être consacré au service de leur maître. Mais les ministres sont doublement sanctifiés ; ils sont consacrés à Dieu comme chrétiens et comme ministres ; ils sont en conséquence doublement obligés d'employer ce qu'ils ont à son service.

O mes frères! combien de bonnes œuvres nous avons à faire et combien nous en faisons peu! Je sais que le monde attend de nous plus que nous ne pouvons faire; mais si nous ne pouvons satisfaire à une attente exagérée, faisons du moins notre possible pour répondre à ce qu'exigent de nous Dieu et notre conscience. « C'est la volonté de Dieu, qu'en faisant le bien nous réduisions au silence l'ignorance des insensés. »

Et maintenant, mes frères, je vous supplie de prendre en sérieuse considération ce que je viens de vous dire. Voyez si ce n'est pas là la faute la plus grave des ministres, que ce manque d'abnégation et de dévouement dans l'accomplissement d'une œuvre si importante et si sainte? Voyez si cette complaisance pour les intérêts de la chair ne nous fait pas négliger une partie de nos devoirs, en nous engageant à remplir ceux qui sont le plus faciles et qui nous procurent le plus de considération mondaine, et à abandonner ceux qui exigent de nous quelques sacrifices. Ne prouvons-nous pas ainsi que nous avons plus de penchant pour les choses de la terre que pour celles du Ciel, et que nous idolâtrons le monde, tandis que nous engageons les hommes à le mépriser? Celui-là, dit Salvien, néglige son salut, qui préfère quelque chose à Dieu. »

IV. Nous avons à nous reprocher de ne pas attacher assez d'importance à l'unité et à la paix de l'Église.

Sans doute, tous les ministres parlent en faveur de la paix et de l'unité, ou du moins aucun ne parle contre; mais on en voit bien rarement qui travaillent à les maintenir ; généralement les hommes y sont peu disposés, et sont quelquefois eux-mêmes des instruments de division. Les papistes ont si longtemps abusé du nom d'Église catholique que bien des chrétiens, par esprit d'opposition, effacent ce nom de leurs symboles, ou, s'ils le conservent, semblent ne pas le comprendre ; satisfaits de croire à l'existence d'une église universelle, ils ne se conduisent pas comme des membres de ce corps. Si les papistes ont pour l'Église un culte idolâtre, est-ce à nous à la méconnaître, à la mépriser, ou à la déchirer par nos divisions ? C'est un péché très commun dans la chrétienté, d'embrasser la religion comme un parti, et de restreindre à une secte l'amour et le respect que nous devons à l'Église universelle. Sans doute la portion la plus pure a des droits particuliers à notre respect et à notre communion ; mais les portions faibles et malades ont des droits à notre support et à notre compassion. Nous devons avoir communion avec elles, à moins que la marche contraire ne soit d'une nécessité absolue. Si des personnes de notre voisinage sont atteintes de la peste ou de la lèpre, ne leur devons-nous pas nos soins et notre affection, tout en prenant des mesures pour éviter la contagion ? Bien des gens se vantent d'appartenir à l'Église catholique, mais bien peu ont un esprit vraiment catholique.

Ceux qui appartiennent aux diverses dénominations prient pour la prospérité de leur parti et rendent grâces à Dieu, quand ce parti est florissant ; mais ils s'inquiètent peu des souffrances d'un autre parti et y voient à peine un malheur pour l'Église. S'ils sont en grande majorité, ils se regardent comme l'Église universelle, et pensent que l'Église prospère quand tout va bien pour eux. Nous proclamons que le Pape est l'Antéchrist, parce qu'il renferme l'Église dans les limites de la domination romaine, mais, hélas! combien de nous l'imitent en le blâmant!

Qu'il est rare de trouver un homme qui gémisse des plaies de l'Église, qui les regarde comme siennes, qui ait à cœur de les guérir! Chaque parti se regarde comme le centre auquel tous les autres doivent se réunir; et parce qu'ils refusent, il se réjouit de leur chute, il la regarde comme un triomphe pour l'Église. Combien y a-t-il d'hommes qui comprennent le véritable état d'une controverse, et qui s'aperçoivent que les controverses ne sont pour la plupart que des disputes de mots. Hélas! combien de ministres ne deviennent zélés pour la paix que quand, plus avancés en âge, ils connaissent mieux les dispositions des hommes et le véritable état de l'Église! C'est alors, qu'à l'exemple de Parens, de Junius et de plusieurs autres, ils écrivent leurs *Irenicons*; comme l'ont fait aussi Davenant, Morton, Hall, dont les deux Traités intitulés le *Pacificateur* et *Pax-terris*, méritent d'être gravés dans le cœur de tous les ministres. Mais, on doit le dire, *recipiuntur ad modum recipientis*[a]. Les ministres auxquels ils sont adressés ne les comprennent et ne les apprécient que quand l'âge a calmé l'impétuosité de leur jeunesse. Ils regardent ordinairement toute tentative de pacification comme suspecte d'hérésie, ou comme la preuve d'un manque de zèle : comme s'il ne fallait point de zèle pour soutenir les principes fondamentaux de l'Église, l'unité et la paix. Il est malheureux pour l'Église que les Sociniens aient tant écrit pour la paix, la charité et l'unité catholique ; il en résulte maintenant que

---

a. *Ce qui est reçu, l'est selon la condition de celui qui reçoit.* Maxime empruntée à Thomas d'Aquin (THÉOTEX)

quiconque écrit pour la paix semble réclamer l'indulgence pour ses erreurs.

Je sais que tous les chrétiens ne sont pas coupables de ce péché : cependant il est si commun, qu'il peut nous faire douter de la sincérité d'une foule de chrétiens que l'on regarde généralement comme pieux. Et nous ne nous sommes pas seuls rendus coupables de cette faute : nous y avons entraîné nos fidèles, en sorte qu'ils se sont divisés en sectes et en partis, se sont livrés à l'envie, à l'animosité, à la dispute ; ils ne craignent pas de jeter le ridicule sur les hommes sincères qui ne partagent pas leurs opinions. Cet état de choses frappe les yeux du plus ignorant, et rend le peuple hostile à la religion ; quand nous les encourageons à la piété, ils voient tant de partis, qu'ils ne savent auquel s'attacher ; ils n'en adoptent aucun, ne sachant lequel est le meilleur. C'est ainsi que, par suite de nos divisions, la religion tombe dans le mépris. Je sais que bien des personnes ne veulent pas faire tout le mal qu'elles font ; mais qu'elles le veuillent ou non, le mal n'en existe pas moins : il n'est malheureusement pas rare de le faire même avec de bonnes intentions.

Nous n'assurerons point la paix, à moins que nous ne retournions à la simplicité apostolique. La foi des papistes est trop compliquée pour obtenir un assentiment universel, si ce n'est par la force ; et beaucoup d'anti-papistes les imitent, tout en paraissant s'éloigner d'eux. Quand nous aurons retrouvé l'ancienne simplicité de la foi, nous retrouverons la paix et la charité primitives. Unissons-nous dans la croyance des vérités nécessaires, et supportons-nous dans notre diversité d'opinion sur les points secondaires.

Ne nous faisons point un symbole plus compliqué que celui que Dieu a établi. Et dans ce but, mes frères, faites attention aux points suivants : — N'insistez pas trop fortement sur les opinions controversées, lorsque chacune d'elles est celle d'une multitude d'hommes pieux, et même d'Églises entières. — Ne vous occupez point trop des controverses qui n'aboutissent qu'à des obscurités métaphysiques. — Évitez celles qui se réduisent à des disputes de mots. — N'insistez pas trop fortement sur un dogme ignoré de toute l'Église de Christ, depuis la révélation de l'Écriture-Sainte. — Encore moins devez-vous insister sur celui qui fut ignoré dans les temps les plus purs de l'Église. — Et surtout sur un dogme qui ne fut admis dans aucun siècle, mais qui fut combattu dans tous.

V. Enfin, nous sommes coupables de négliger l'exercice de la discipline ecclésiastique.

Lorsqu'il s'agit de remettre en vigueur quelqu'une des institutions de la Réformation, combien de ministres ne veulent y donner la main qu'autant qu'ils y sont forcés ! Si cette œuvre s'annonce comme difficile, combien d'excuses nous trouvons pour nous en dispenser ! Que de discours, que de prières, que de discussions ont eu lieu en Angleterre pour le rétablissement de la discipline ! Et cependant, quand il faut mettre la main à l'œuvre, nous nous tenons à l'écart. Pourquoi ce zèle se borne-t-il à la discussion, et se refroidit-il dans la pratique ? Combien y a-t-il de ministres qui ne connaissent pas toute l'étendue de leur église, et qui ne sauraient dire ceux qui en sont membres ! Jamais ils ne reprennent les pécheurs obstinés, jamais ils n'exigent d'eux une preuve manifeste de leur repentance. Ils croient avoir fait leur devoir en leur refusant la communion, dont peut-être ils s'abstiennent eux-mêmes volontairement, et cependant ils les considèrent comme membres de l'Église, ils les laissent subsister au milieu d'elle, ils ne leur demandent point de faire individuellement l'aveu de leurs fautes.

Mes frères, je ne voudrais offenser aucun de vous, mais je dois vous déclarer que ces fautes ne peuvent être ni atténuées ni excusées. Nous avons tous soutenu la nécessité d'une discipline, chacun dans le sens de son parti. Nous voulons sans doute que les fidèles attachent de l'importance à notre forme de gouvernement ecclésiastique ; mais il faut pour cela que cette forme ait quelque mérite particulier. Quel est ce mérite ? en quoi consiste-t-il ? où se trouve-t-il ailleurs que sur le papier ? Est-ce pour un nom, est-ce pour une ombre que vous avez fait tout ce bruit ? Comment les fidèles peuvent-ils croire à l'excellence de ce qui ne produit aucun bien ? Parlons ouvertement. Les hommes pieux n'aiment la discipline que parce que leurs pasteurs en ont hautement vanté l'excellence ; et les impies ne la souffrent que parce qu'elle n'est point mise en pratique, et ne leur cause en conséquence aucune gêne.

La discipline est cependant nécessaire à l'Église : si vous ne voulez pas distinguer les hommes pieux des pécheurs endurcis, les premiers feront cette distinction en se séparant. Si vous vous obstinez à garder dans votre église des multitudes de gens notoirement ignorants et irréligieux, si vous ne les reprenez point, si vous ne les appelez point à la repentance, si vous ne les retranchez point du troupeau, ne vous étonnez pas de voir quelques chrétiens alarmés abandonner votre église comme un édifice ruineux. Si vous agissiez par rapport aux sacrements comme vous agissez par rapport à la discipline ; si vous vous borniez à montrer aux chrétiens le pain et le vin de la sainte Cène, sans leur en permettre l'usage, croyez-vous que ce nom de sacrement pût les satisfaire ? Et peuvent-ils se contenter davantage de ce nom vide de sens de *gouvernement ecclésiastique* ?

Je ne voudrais pas vous engager à pratiquer cet important devoir dans un moment inopportun. Mais, le moment favorable ne viendra-t-il jamais ? Vous abstiendrez-vous de prêcher et de donner les sacrements pendant tant d'années, sous prétexte d'inopportunité ? Le temps sera-t-il plus favorable quand vous serez morts ? Combien de pasteurs sont morts avant d'avoir pu commencer cette tâche à laquelle ils s'étaient longuement préparés ! Je sais que cette tâche n'est pas également facile pour tous, mais les obstacles doivent-ils nous dispenser de l'accomplissement d'un devoir ? Outre les raisons que nous avons déjà rapportées, considérons encore celles-ci :

Nous sommes peinés lorsque nous voyons nos fidèles négliger volontairement un devoir reconnu. Pouvons-nous demeurer nous-mêmes dans une semblable négligence pendant toute notre vie ?

Nous manifestons de la paresse et de la négligence, sinon de l'infidélité dans l'œuvre de Christ. J'en parle d'après ma propre expérience ; c'est la paresse qui m'a longtemps empêché de remplir ce devoir. A la vérité, c'est un devoir pénible, qui exige beaucoup de dévouement, et qui nous expose à la haine des méchants. Mais devons-nous préférer notre repos et notre tranquillité au service de notre maître ? Les serviteurs négligents doivent-ils espérer une récompense ? Rappelez-vous, mes frères, ce que nous avons promis devant Dieu dans le second article de notre engagement : « Nous promettons, avec l'aide de Dieu, que nous remplirons fidèlement notre devoir autant que nous le connaîtrons, et que nous ne nous en laisserons point détourner par la crainte d'encourir quelque perte dans nos biens temporels, de nous exposer au déplaisir des hommes, ou par aucun motif charnel. » Méditez bien cette promesse, et voyez comment vous la tenez. Ne pensez pas que vous l'ayez faite par surprise, car la loi de Dieu vous y obligeait, avant que vous vous fussiez engagé formellement.

L'abandon de la discipline tend à séduire les âmes immortelles, en persuadant aux inconvertis qu'ils sont réellement chrétiens. Elle tend à faire croire aux pécheurs scandaleux que leurs fautes sont tolérables, puisqu'elles sont tolérées par les conducteurs de l'Église. — Nous corrompons le christianisme aux yeux des hommes, en leur laissant croire qu'il n'exige pas plus de sainteté que les religions fausses. Car si les hommes pieux et les impies peuvent rester confondus dans le même troupeau, sans qu'il y ait aucun moyen de les distinguer, nous déshonorons notre Rédempteur dont nous paraissons suivre les commandements.

En tolérant dans nos églises des désordres scandaleux, nous poussons les chrétiens pieux à se séparer de nous. Je me suis quelquefois entretenu avec des membres des églises séparées. C'étaient des hommes modérés appartenant à l'opinion presbytérienne. Ils se sont séparés par nécessité, regardant la discipline comme indispensable, et ne pouvant rester dans une église où elle est abandonnée. J'ai été vivement affligé de cette séparation.

Nous attirons sur nous et sur nos congrégations la colère de Dieu. Si l'ange de l'église de Thyatire fut réprimandé, parce qu'il souffrait des séducteurs dans l'église, quels reproches ne méritons-nous pas pour y tolérer des pécheurs scandaleux et impénitents !

Quels sont donc les obstacles qui s'opposent à l'exercice de la discipline ecclésiastique ? — La difficulté de l'œuvre et les désagréments auxquels elle nous exposerait. — Si nous reprenons publiquement un pécheur, nous nous en ferons un ennemi. —- Nous ne pouvons l'amener à faire une profession publique de repentance. — Si nous l'excommunions, sa fureur ne connaîtra plus de bornes. — Si nous voulons agir, avec la sévérité que Dieu nous commande, envers les pécheurs obstinés de notre congrégation, il n'y aura pas moyen de vivre parmi eux. — Nous serons tellement haïs que nous nous verrons exposés à d'innombrables désagréments, et que nos travaux deviendront inutiles. — Les hommes, une fois prévenus contre nous, ne voudront plus nous écouter. Ce devoir cesse donc d'en être un, lorsqu'il en résulterait plus de mal que de bien.

Voilà, outre la difficulté de la tâche en elle-même, les raisons que l'on oppose à la pratique de la discipline. A cela, je répondrai : — Ces raisons ne sont-elles pas aussi fortes contre le christianisme lui-même, que contre la discipline ? Christ n'est pas venu apporter la paix sur la terre :

nous aurons sa paix, mais nous n'aurons pas celle du monde ; car il nous a dit que le monde nous haïra. Bradford, Hooper, et ceux qui ont subi le martyre sous le règne de Marie, n'auraient-ils pas pu alléguer des raisons encore plus fortes contre la profession ouverte de la foi de la Réformation ? N'auraient-ils pas pu dire : « cette foi nous fera haïr et nous exposera à perdre la vie sur un bûcher ? » Celui-là n'est pas chrétien, nous dit Jésus-Christ, qui n'abandonne pas pour lui tout ce qu'il possède, et même sa vie : et cependant nous osons opposer à son œuvre des considérations toutes mondaines ! N'est-ce pas de l'hypocrisie que de reculer devant la souffrance, et de ne vouloir se charger que d'une tâche douce et facile ? que de négliger un devoir parce que l'accomplissement en serait pénible ? Si nous remplissions fidèlement nos devoirs comme ministres de Christ, nous éprouverions de la part des chrétiens de nom le sort que nos prédécesseurs ont éprouvé de la part des païens et des infidèles. Mais si vous ne pouvez souffrir pour Christ, pourquoi avez-vous mis la main à son œuvre ? Pourquoi n'avez-vous pas réfléchi à ce qu'il pourrait vous en coûter ? Nous sommes infidèles dans l'œuvre du ministère, parce que nous nous y sommes engagés par des motifs charnels ; nous l'avons embrassée comme une profession douce et honorable, et nous ne voulons pas être trompés dans notre attente. Nous n'y avons point cherché la souffrance et la haine des hommes, et nous voulons à tout prix nous y soustraire.

Quant à l'objection tirée de ce que l'exercice de la discipline s'opposerait à ce que nous fissions du bien, elle est aussi forte contre la prédication fidèle, contre les exhortations, et contre tous les devoirs dont l'accomplissement peut nous attirer la haine des hommes. Dieu bénira les institutions qu'il a établies pour le bien de l'Église ; s'il en était autrement, il ne les aurait point établies. Si vous avertissez publiquement les pécheurs scandaleux, si vous les invitez à la repentance, si vous retranchez de l'Église ceux qui persistent dans le péché, vous pouvez leur faire du bien, même en les excommuniant. Il est certain, du moins, que c'est là un moyen que Dieu lui-même a prescrit, et que ce moyen est le dernier. En le négligeant, nous détruisons l'effet des moyens précédemment employés ; car lorsque celui-là devient nécessaire, c'est une preuve que les autres ont été essayés en vain. Quoi qu'il en soit, si le pécheur retranché de l'Église ne tire aucun avantage spirituel de son excommunication, l'Église elle-même en retirera d'importants : il apparaîtra clairement que l'Église est distincte du monde, que les héritiers de Dieu et les enfants de Satan ne sont point complètement confondus ensemble.

J'ajouterai que la pratique de la discipline n'est ni aussi difficile ni aussi inutile que vous vous le persuadez. Je bénis Dieu de ce qu'il m'a permis d'en faire un faible essai, et de pouvoir en parler d'après ma propre expérience. J'avoue que si ma volonté pouvait faire loi, on suspendrait de sa charge, comme *pasteur* négligent, celui qui ne veut point faire usage de la discipline, de même que l'on suspend, comme *prédicateur* négligent, celui qui laisse trop souvent sa chaire vide.

Et maintenant, mes frères, que nous reste-t-il à faire, sinon à confesser nos transgressions et à nous humilier devant le Seigneur ? Est-ce ainsi que, nous devions prendre garde à nous-mêmes et à tout le troupeau ? Est-ce ainsi que nous devions suivre l'exemple qui nous est proposé dans notre texte ? Si notre cœur refusait de s'humilier, quelle cause de désolation pour l'Église ! Le ministère évangélique a été souvent attaqué par une foule d'adversaires ; et quoique plusieurs de ces attaques ne prouvent autre chose que la méchanceté de ses ennemis, il en est cependant quelques-uns qu'il s'est attirées par sa faute. Croyez-le bien, mes frères, les ministres n'ont pas la moindre part dans les transgressions de la nation : il faut donc qu'ils participent largement à son humiliation et à son repentir. Dieu, en appelant le peuple à la repentance, nous y appelle les premiers. Toutes les dispensations de sa providence dont nous avons été les témoins, ces délivrances inespérées, ces catastrophes sanglantes, ces ravages du fer et de la flamme sont autant de signes de son courroux, autant d'avertissements au repentir et à l'humiliation. Lorsque nous engageons les fidèles à confesser leurs fautes, chercherons-nous à excuser ou à atténuer les nôtres ? Ne vaut-il pas mieux donner gloire à Dieu, en nous humiliant devant lui, que de chercher de misérables prétextes pour couvrir nos prévarications, et que de l'engager ainsi à se glorifier lui-même, en nous abaissant sans retour ? Si nous refusons au Seigneur la gloire qui lui est due, il saura bien la revendiquer au prix de notre éternelle confusion !

Des transgressions manifestes sont plus déshonorantes pour nous, lorsque nous cherchons à les cacher, que lorsque nous en faisons l'aveu. Toutes nos tentatives pour voiler nos fautes ne font qu'augmenter notre culpabilité et notre honte. Le seul moyen de réparer les brèches que le péché a faites à notre honneur, c'est de le confesser et de nous humilier. Pour moi, je n'ai pu m'empêcher de confesser mes transgressions, et si quelqu'un de mes frères s'offense de ce que j'ai aussi confessé les siennes, qu'il sache que ce que j'ai fait pour lui, je l'ai fait aussi pour moi. S'ils veulent désavouer cette confession, qu'ils le fassent à leurs propres périls. Quant à ceux qui sont véritablement d'humbles et fidèles ministres du Christ, j'ai la confiance qu'ils se sentiront pressés de déplorer ouvertement leurs fautes en présence de leur troupeau, et de promettre qu'ils chercheront à les réparer et à s'amender.

2. Devoir de catéchiser et d'instruire le troupeau

Après cet aveu de nos fautes et ce témoignage de notre repentir, notre devoir nous est clairement tracé. Que Dieu nous préserve de retomber dans la même indifférence ! Il me reste maintenant à vous encourager à l'accomplissement de la grande tâche que vous avez entreprise ; je veux dire, le soin de catéchiser et d'instruire chaque membre de votre troupeau qui se montrera disposé à recevoir de vous l'instruction. En premier lieu, je vous exposerai quelques-uns des motifs qui vous engagent à la pratique de ce devoir ; — en second lieu, je répondrai à quelques-unes des objections au moyen desquelles on cherche à s'en dispenser ; — en troisième lieu, je vous donnerai quelques directions pour vous guider dans l'accomplissement de cette tâche.

2.1 Exposé des motifs

Nous considérerons successivement les motifs tirés de l'utilité de ce devoir, de sa difficulté et enfin de sa nécessité.

Article I : Utilité de ce devoir

Mon cœur est inondé d'allégresse, quand je considère les heureux résultats que peut obtenir, avec la bénédiction de Dieu, la pratique de ce devoir, si l'on s'en acquitte fidèlement. En vérité, mes frères, vous venez d'entreprendre une tâche qui peut être une source de joie et de félicité pour votre conscience, pour votre Église, pour la nature entière ; quand notre course sera achevée, des milliers d'âmes auront sujet d'en bénir le Seigneur. Et quoique nous devions nous humilier aujourd'hui, pour l'avoir si longtemps négligée, cependant j'ai une telle confiance dans l'heureuse réussite, que ce jour d'humiliation est pour moi un jour d'allégresse. Je rends grâces à Dieu de ce qu'il m'a permis de voir ce jour et d'être témoin de l'engagement solennel que viennent de prendre tant de ministres de Christ d'accomplir ce devoir. Il ne s'agit pas ici d'un point controversé, à l'occasion duquel nous ayons à lutter contre la passion ou la prévention. Il ne s'agit pas d'une discipline nouvelle, qui puisse donner lieu à l'envie de vous accuser comme des novateurs, ou à l'orgueil de se révolter contre vous. Non, c'est un devoir bien connu ; c'est la simple restauration d'une des anciennes fonctions du ministère. Et comme l'exercice de cette fonction est pour l'Église d'une immense utilité, mon intention est de vous exposer quelques-uns des avantages qui en découlent, afin que vous soyez conduits à vous demander si ce n'est pas pour vous une rigoureuse obligation de conscience de ne pas priver votre troupeau de ces avantages. Celui, en effet, qui a véritablement l'esprit d'un ministre de Christ, se réjouira lorsqu'on lui indiquera les moyens d'atteindre le but de son ministère, et rien ne lui sera plus précieux que d'être mis à portée de les employer.

1°. L'exercice de ce devoir sera un puissant moyen pour la conversion des âmes. — En effet, quant à sa nature, il roule sur les principes essentiels de la foi chrétienne ; et quant à son mode d'exercice, il est tel qu'il vous fournit l'occasion d'en appeler de la manière la plus sérieuse au cœur et à la conscience des pécheurs.

L'œuvre de la conversion exige deux conditions : il faut que l'intelligence connaisse les grands principes de la religion ; il faut que la volonté soit transformée par cette connaissance de la vérité. Or, le devoir que nous vous recommandons facilite l'accomplissement de ces deux conditions. Il vous fournit l'occasion d'exposer aux pécheurs l'ensemble des vérités chrétiennes et de les fixer dans leur mémoire. Et quoique ces instructions ne puissent, si elles ne sont pas comprises, exercer une influence réelle, néanmoins, celui qui les a reçues a plus de chances que tout autre pour les comprendre. Les mots et les signes sont le seul moyen que nous ayons pour transmettre les idées des choses invisibles. Et sans aucun doute, les instructions élémentaires que les fidèles puisent dans la lecture du catéchisme ou sommaire, instructions qui sont sans cesse sous leurs yeux et qui se gravent dans leur mémoire, doivent avoir, pour leur faire connaître la vérité, autant et plus d'efficace que des sermons dont l'impression est nécessairement fugitive. Loin donc de mettre en doute l'utilité de ces modèles de saines instructions, tout nous porte à les considérer comme infiniment précieux.

En outre, ces conférences personnelles nous permettent de nous assurer si nos auditeurs comprennent bien la vérité, de la leur expliquer graduellement, et d'insister sur les points que nous regardons pour eux comme les plus essentiels. Ces deux choses réunies, l'exposition élémentaire de la vérité et l'explication qui l'accompagne se prêtent un mutuel secours.

Dans ces instructions catéchistiques, nous avons une excellente occasion de faire pénétrer la vérité dans le cœur des pécheurs, de parler à chacun selon le besoin de sa conscience, en cherchant à combattre sa faiblesse particulière et en lui disant : « Tu es cet homme-là. » Si quelque chose peut faire du bien aux pécheurs, c'est assurément ce genre d'enseignement. Tels qui ne comprendraient pas un sermon, comprendront une observation familière, et se feront plus facilement l'application de la vérité. En vous adressant leurs objections, ils vous découvriront eux-mêmes quelles sont les tentations auxquelles ils sont le plus exposés, les erreurs dans lesquelles ils sont le plus enclins à tomber, et vous fourniront ainsi le moyen de les redresser. Il vous sera plus facile de les amener à la repentance, de les presser de se convertir et de s'amender. C'est là ce que notre expérience journalière doit nous avoir appris. Pour ma part, je n'ai jamais entretenu un pécheur en particulier, qu'il ne soit sorti de cet entretien, en apparence plus convaincu de sa misère et plus disposé à la conversion et à l'amendement.

O mes frères ! quel coup nous porterions à la puissance du prince des ténèbres, si nous nous acquittions fidèlement et scrupuleusement de ce devoir ! Si donc vous voulez être les pères spirituels de ceux qui naissent de nouveau, si vous voulez au dernier jour pouvoir dire au Seigneur : « Me voici avec les enfants que tu m'as donnés, » ne négligez pas cette précieuse tâche. Si vous avez à cœur de rencontrer vos fidèles avec les saints dans la gloire, louant l'agneau devant le trône de Dieu ; — si vous avez à cœur de les présenter à Christ sans tache et sans souillure, saisissez avec ardeur et empressement le moyen qui vous est offert. — Si vous êtes véritablement ministres de Christ, vous devez désirer ardemment de perfectionner son corps, de recueillir ses élus ; vous devez aspirer à souffrir les douleurs de l'enfantement jusqu'à ce que Christ soit formé dans les âmes » qui vous sont confiées. — Si vous êtes véritablement ouvriers avec Christ, accomplissez son œuvre, et ne négligez pas les âmes pour lesquelles il a voulu mourir. Lorsque vous vous entretenez avec un homme inconverti, songez que vous avez l'occasion de sauver une âme, de réjouir les anges dans le ciel, de réjouir Christ lui-même, d'enlever une proie à Satan, d'augmenter le nombre des enfants de Dieu. « Car quelle est votre espérance ou votre joie, ou votre couronne de gloire ? Ne sera-ce pas votre peuple sauvé en la présence de Christ à son avènement ? Oui, sans doute, c'est là votre gloire et votre joie ! »

2°. L'assiduité à remplir le devoir sur lequel nous insistons contribuera à édifier en Christ ceux qui sont convertis, et à les affermir dans la foi. En le remplissant mal, nous compromettons ou du moins nous retardons singulièrement le fruit de nos travaux. Comment pourrez-vous bâtir, si vous ne posez d'abord un solide fondement ? Comment pourrez-vous élever le faîte de l'édifice, si vous en avez négligé la base ? L'œuvre de la grâce, ainsi que celle de la nature, procède graduellement : *Gratia non facit saltum*[a]. Les vérités chrétiennes d'un degré supérieur dépendent si étroitement des vérités élémentaires, que si l'on ignore celles-ci, on ne peut arriver à la connaissance de celles-là. Vouloir y arriver de prime abord, c'est vouloir lire sans savoir épeler, et sans connaître ses lettres. De là, tant de gens qui apprennent toujours, sans pouvoir parvenir à la connaissance de la vérité ; qui sont faibles et faciles à ébranler ; qui succombent aux moindres tentations, faute d'être solidement établis dans la connaissance des vérités fondamentales de la religion. Et cependant, c'est par ces vérités qu'il faut commencer ; elles doivent servir de fondement aux autres. Ce sont elles qui augmentent les grâces, qui facilitent l'accomplissement des devoirs, qui donnent de la force contre les tentations. Celui qui les ignore, ignore tout ; celui qui les possède, possède des moyens de sanctification et de salut. Les chrétiens les plus avancés de votre troupeau ne doivent donc pas trouver au-dessous d'eux le soin d'apprendre les instructions élémentaires, et vous serez diligents à les leur inculquer si vous avez à cœur de les édifier et de les établir fermement dans la foi.

3°. Ces enseignements élémentaires les rendront plus

---

a. *La Grâce ne fait pas de sauts.* Allusion au *Natura non facit saltum* qui se trouve dans les œuvres de Leibnitz. (THÉOTEX) attentifs à vos prédications, et leur en faciliteront l'intelligence. La connaissance des principes leur sera d'un grand secours pour aller plus avant. Si vous négligez les principes, vous vous exposez à perdre tout le fruit de votre travail ; et plus vous apportez de soin à vos prédications, moins vous faites de bien. Si donc vous ne voulez pas rendre inutiles vos enseignements publics, ne négligez pas le soin des enseignements particuliers.

4°. Ces enseignements vous fourniront l'occasion d'entrer avec les membres de votre troupeau dans des rapports d'intimité et de gagner leurs affections.

Le défaut de ces rapports nuit singulièrement au succès de votre œuvre. L'éloignement et le manque d'intimité perpétuent la mésintelligence entre les pasteurs et le troupeau ; la familiarité, au contraire, fait naître chez les fidèles ces affections qui les rendent dociles à l'instruction ; elle les porte à vous ouvrir leur cœur, ce qu'ils ne feraient point s'ils vous demeuraient étrangers.

5°. Cette connaissance de l'état spirituel de vos paroissiens vous rendra facile la surveillance à leur égard. — Elle rendra vos prédications plus appropriées à leur caractère et à leur situation spirituelle. Vous saurez mieux comment exercer envers eux cette « jalousie de Dieu » dont parle l'apôtre, et comment les mettre en garde contre les tentations qui les assaillent. Vous pourrez plus efficacement vous affliger ou vous réjouir avec eux et prier pour eux ; car, comme celui qui prie pour lui-même doit connaître ses propres besoins et les infirmités de son cœur, de même celui qui prie pour les autres doit également connaître leurs besoins et leurs infirmités.

6°. Cette connaissance intime de l'état spirituel des membres de votre troupeau vous aidera à décider la question de leur admission à la sainte Cène.

Quoiqu'un ministre ait la faculté d'appeler auprès de lui tel ou tel de ses paroissiens, de s'enquérir de ses progrès dans la foi et dans la sanctification, de lui donner les instructions dont il a besoin, et, par ce moyen, de le préparer au sacrement de l'Eucharistie, — néanmoins, en assignant à ces entretiens particuliers un but trop spécial et trop limité, et en négligeant de les leur faire considérer comme l'exercice d'un droit général et permanent, les pasteurs ont quelquefois donné lieu à leurs paroissiens de se révolter contre ce genre d'examen. Ces communications familières, dirigées dans le sens que nous venons d'indiquer, vous mettront à même de reconnaître sûrement si vos paroissiens sont suffisamment préparés à la sainte Cène ; et sous ce rapport, nous les croyons plus efficaces qu'un examen partiel et ayant un but trop restreint.

7°. Ces enseignements privés éclaireront à la fois les pasteurs et les fidèles sur la véritable nature du saint ministère.

Les hommes ne sont que trop enclins à se persuader que l'œuvre du ministère évangélique consiste exclusivement à prêcher, à baptiser, à administrer la communion et à visiter les malades. Ils permettent à peine que leurs pasteurs sortent de ce cercle limité, et malheureusement beaucoup de pasteurs ne sont que trop disposés à s'y renfermer. J'ai été souvent affligé en voyant les prédicateurs les plus éminents ne s'occuper qu'en chaire du salut de leurs congrégations : rarement je les ai vus s'en inquiéter ailleurs, comme si ce n'était pas pour eux une étroite obligation. La négligence de ce devoir est chose si commune, qu'elle ne porte plus aucune atteinte à la considération d'un pasteur. Et lorsque les choses en sont venues à ce point, que le péché n'est plus une honte pour celui qui le commet, ni un scandale pour celui qui en est témoin, on peut dire qu'il règne en maître dans l'Église et dans l'Etat. Mais, par la miséricorde de Dieu, j'espère que bientôt la plupart des pasteurs se convaincront qu'il est de leur devoir d'exercer constamment une surveillance personnelle sur leur troupeau ; et qu'ils se feront du ministère évangélique une autre idée que les prédicateurs dont je viens de parler. Que chacun de vous, mes frères, s'acquitte soigneusement de la pratique du devoir dont nous traitons, qu'il s'en acquitte en silence, et sans déverser le blâme sur ceux qui le négligent, et j'ai la confiance que le temps n'est pas éloigné où l'omission volontaire de ce devoir sera regardée comme une véritable honte pour un pasteur. Si un médecin se bornait à lire un cours public de médecine, ses malades n'en retireraient sans doute que peu de profit : si un homme de loi se bornait à pérorer sur la législation, il rendrait peu de services à ses clients. Or, l'office d'un pasteur n'exige pas moins que celui d'un médecin ou d'un homme de loi, des services particuliers et personnels.

Il faut le reconnaître, nous avons fait tort à l'Église, en nous jetant dans l'extrême opposé à celui des papistes, qui soumettent toutes leurs ouailles à la confession auriculaire. En abandonnant cette erreur de la communion romaine, nous avons donné dans un travers qui n'est pas moins dangereux. C'est avec un sentiment de trouble et de peine que j'ai lu dans un historien orthodoxe, que le désir de se soustraire à la gêne de la confession auriculaire contribua beaucoup au succès de la Réformation en Allemagne. — Je ne doute point, pour ma part, que la confession auriculaire ne soit une coupable innovation, une pratique inconnue à l'Église primitive. Cependant, si nous considérons cette confession en elle-même, et abstraction faite de sa relation aux doctrines du purgatoire et de la satisfaction pour le péché, nous trouverons qu'elle est encore moins dangereuse que le défaut de toute surveillance personnelle. Si donc quelqu'un de nous se persuadait que lorsqu'il a prêché, il a accompli toute sa tâche, montrons-lui par notre pratique qu'il a encore beaucoup à faire, et que la surveillance du troupeau exige bien plus de soins et d'activité qu'il ne se l'imagine.

8°. L'exercice de cette surveillance éclairera les fidèles sur la nature de leurs devoirs envers leurs pasteurs, et les portera à s'en acquitter : en conséquence, elle contribuera puissamment à assurer leur salut.

Je suis convaincu par une douloureuse expérience, que l'ignorance des devoirs réciproques du pasteur et du troupeau est un des plus grands obstacles au salut des pécheurs et à la réformation de l'Église. Les fidèles se persuadent volontiers qu'un pasteur doit borner ses soins aux cérémonies publiques, et que pour eux, ils sont quittes envers lui quand ils ont entendu ses prédications et reçu les sacrements de sa main. Ils ignorent qu'un pasteur est, dans son église, ce qu'est dans son école un instituteur qui doit instruire et surveiller chacun de ses élèves. Ils ignorent qu'un pasteur est comme un médecin auquel tous doivent recourir dans leurs maladies, et que les lèvres du sacrificateur doivent garder la science, que le peuple doit rechercher la loi de sa bouche, parce qu'il est l'ange de l'Éternel des armées (Malachie.2.7). » Ils ignorent que tous les membres du troupeau doivent avoir recours à lui pour lui demander la solution de leurs doutes, des secours contre les tentations, des directions pour leurs consciences, des moyens de croître en connaissance et en grâce ; — que les ministres ne sont établis que pour cette fin, et qu'ils doivent être toujours prêts à conseiller et à secourir le troupeau. Si nos paroissiens connaissaient leurs devoirs, ils viendraient à nous d'eux-mêmes et sans être appelés, pour nous demander nos conseils et pour nous dire : Que ferons-nous pour être sauvés ? » Mais, hélas ! ils se persuadent qu'un ministre n'a rien à démêler avec eux : s'il les avertit, s'il les appelle pour les instruire, s'il veut s'enquérir de leurs progrès dans la foi et dans la sanctification, ils lui demanderaient volontiers par quelle autorité il le fait ? ils le regarderaient comme un indiscret, ou comme un orgueilleux qui a la prétention de dominer sur les consciences. Que ne lui demandent-ils aussi par quelle autorité il prêche, il prie, il administre les sacrements ? Ne savent-ils pas que toute notre autorité est pour notre œuvre, et que notre œuvre est pour eux et pour leur avantage spirituel ? Autant vaudrait chercher querelle à un homme qui viendrait leur aider à éteindre le feu dans un incendie, et lui demander par quelle autorité il le fait.

A qui devons-nous imputer cette ignorance de notre troupeau ? — A nous, qui l'avons accoutumé à ne considérer que les devoirs publics de notre ministère. Chez les catholiques romains, les fidèles n'hésitent pas à confesser leurs péchés à un prêtre, parce qu'ils y sont habitués :

chez nous, ils dédaignent, par une raison toute semblable, de recevoir les instructions particulières du pasteur. Quel bonheur pour l'Église, si nous pouvions voir les fidèles de tout âge prendre l'habitude de venir nous demander des conseils et des directions particulières, comme ils ont celle de venir entendre la prédication et recevoir les sacrements ! Nous les y amènerons en nous acquittant fidèlement du devoir que je viens de signaler.

9°. L'exercice de ce devoir facilitera l'œuvre du ministère évangélique pour les générations à venir.

La multitude se laisse surtout conduire par la coutume ; elle s'irrite contre quiconque tente d'y apporter quelque changement. Et cependant il faut que quelqu'un le tente. Si nous ne le faisons pas, nous laisserons cette tâche à nos successeurs ; et qui nous assure qu'ils seront plus courageux, plus résolus, plus fidèles que nous ? C'est nous qui avons senti le poids des jugements du Seigneur, — nous, qui avons passé par la fournaise ardente et qui sommes éprouvés par le feu, — nous, qui sommes le plus fortement obligés par les épreuves, les miséricordes et les délivrances merveilleuses de Dieu, et si nous hésitons, si nous reculons devant cette tâche, pourquoi attendrions-nous mieux de ceux qui n'ont pas subi de telles épreuves, qui n'auront pas ressenti de tels aiguillons ? — S'ils se montrent plus fidèles que nous, ils doivent s'attendre à la même haine et à la même opposition, devenues encore plus violentes à cause de notre négligence. Car, on ne manquera pas de leur représenter que leurs prédécesseurs n'exigeaient rien de semblable. Supportons pour eux tout le poids de cette haine ; et ils chériront notre nom, ils béniront notre mémoire ; chaque jour de leur ministère, ils goûteront le fruit de nos travaux. Nous aurons détruit le préjugé qui empêche les fidèles de se soumettre aux conseils, aux admonitions, aux règles de la discipline ; nous aurons anéanti les fâcheuses coutumes que nous ont léguées nos prédécesseurs. Nous aurons ainsi contribué dans le présent et dans l'avenir au salut d'une multitude de pécheurs.

10°. Les instructions catéchistiques contribueront au bon ordre dans les familles, et à l'observation plus rigoureuse du jour du Seigneur.

Si nous pouvons amener les chefs de famille à instruire tous les dimanches leurs enfants et leurs serviteurs, à leur faire apprendre quelques pages du catéchisme ou sommaire, ou quelques passages de l'Écriture Sainte, nous leur aurons procuré le plus salutaire emploi de leur temps. Beaucoup d'entre eux, quoique peu instruits eux-mêmes, peuvent néanmoins s'acquitter de cette tâche et en retirer un grand avantage.

11°. La pratique que nous recommandons ne sera pas moins avantageuse à beaucoup de ministres, qui consument leur temps à des discours, à des courses, à des divertissements frivoles. — Elle leur apprendra que leurs moments sont trop précieux pour les perdre ainsi. Elle mettra fin au scandale qui en résulte pour le troupeau, naturellement conduit à se demander s'il est obligé de mieux employer son temps que ne le fait le pasteur. Appliquons-nous donc soigneusement à cette partie de notre tâche, et nous verrons si nous avons encore du temps à perdre dans l'oisiveté ou la mondanité.

12°. L'exercice de ce devoir nous fera à nous-mêmes beaucoup de bien. Il nous aidera à triompher des tentations, à croître dans la grâce et dans la sanctification. Il sera pour nous une source de consolation, lorsque nous examinerons notre conscience et que nous ferons le compte de nos voies.

En exhortant fréquemment les autres à la repentance et à la piété, nous ferons beaucoup pour produire en nous ces mêmes dispositions. En condamnant les péchés des autres, nous rougirons d'en commettre nous-mêmes, et notre conscience ne nous permettra pas de vivre dans l'habitude de ces transgressions, objet continuel de nos censures. Nos efforts constants pour la cause de Dieu, de Jésus-Christ, de la sainteté nous aideront à triompher de nos inclinations charnelles, en faisant diversion aux pensées coupables ou frivoles qui peuvent nous assaillir.

13°. En agissant ainsi, ce ne sera pas pour nous un médiocre avantage d'éloigner nous-mêmes et nos paroissiens de ces controverses inutiles, de ces discussions sur les points secondaires qui ne contribuent en rien à l'édification spirituelle. — Continuellement occupés, nous à enseigner les vérités fondamentales, et eux à les apprendre, nous écarterons l'occasion de nous livrer à de vaines et stériles disputes. Car nous ne nous occupons généralement de choses inutiles que parce que nous négligeons celles qui sont nécessaires.

14°. Les avantages que nous venons de signaler ont une portée immense : car ils s'étendent à l'amendement et au salut de toutes les âmes confiées à nos soins.

Nous donnerons l'instruction à tout homme qui voudra

la recevoir ; et quoique nous ne puissions espérer que tous les hommes la reçoivent à salut, cependant, comme nos efforts s'étendront à tous, il y a lieu de penser qu'ils auront un résultat plus général que celui de nos autres soins pastoraux. Nous en avons pour garants les promesses et les préceptes de l'Évangile, qui nous recommande de prêcher Christ à toute créature, et qui assure la vie éternelle à tout homme, s'il veut l'accepter par la foi. Cette tâche a un but plus efficace et plus pratique que des conversations purement accidentelles, avec tel ou tel individu. Car, dans de tels entretiens, un pasteur se contente souvent d'avoir donné quelques conseils utiles, sans chercher à appliquer la vérité à la conscience du pécheur pour le convaincre de péché, de misère et de jugement. Et c'est là surtout ce que nous devons faire, et ce que nous ferons sans doute dans ces instructions familières.

15°. J'ai la confiance que ceux qui ont entrepris cette tâche la poursuivront avec persévérance, et que leur exemple sera suivi par d'autres.

Si, dans ce moment, elle est généralement négligée, c'est sans doute par les motifs qui ont agi sur nous jusqu'à présent, je veux dire, l'insouciance et la paresse que nous déplorons, et surtout la crainte de voir le troupeau se révolter contre ce genre d'instructions. Mais, quand ceux de nos compagnons d'œuvre, qui manquent encore à ce devoir, auront été dûment avertis de son importance, — quand ils seront bien convaincus que la pratique en est possible, je m'assure qu'ils se mettront en mesure de le remplir, et qu'ils nous seconderont avec joie dans nos efforts ; — car ils sont comme nous, ils sont les serviteurs d'un même maître ; — comme nous, ils ont à cœur l'œuvre de Dieu, — comme nous, ils s'intéressent au salut des âmes, — comme nous, ils sont prêts à tout faire et à tout souffrir pour l'accomplissement de leur sainte tâche. Puis donc qu'ils sont animés du même esprit, qu'ils sont tenus des mêmes obligations, qu'ils servent le même Seigneur, il y aurait peu de charité à supposer qu'ils refuseront de se joindre à nous. Oh ! combien serait heureuse et bénie cette union dans la cause de Christ ! Combien il serait doux et consolant pour nos cœurs, de voir tant de fidèles serviteurs de Christ exhorter tous les pécheurs avec sérieux et avec insistance, comme des hommes déterminés à ne point souffrir de refus ! Il me semble déjà les voir résolus à commencer cette œuvre excellente, rendue plus facile par notre unanimité et notre concours.

16° Telle est l'importance du devoir que nous vous recommandons, que la réforme de l'Église dépend en grande partie de son fidèle accomplissement ; ce n'est que par ce moyen que l'Église pourra ne pas perdre le fruit de ses prières, de ses travaux, de ses souffrances, du sang de ses martyrs, des promesses que le Seigneur lui a faites. Si ce devoir continue à être mis en oubli, jamais l'Église n'atteindra au but de son institution, jamais elle ne sera complètement réformée ; jamais elle ne sortira de son abaissement et de sa langueur ; jamais, aux yeux de Dieu, ni l'Église ni ses conducteurs spirituels ne se laveront de leurs taches et de leurs souillures.

Hélas ! nous avons longtemps parlé de la réforme de l'Église : nous l'avons hâtée de nos vœux et de nos prières, et cependant nous l'avons négligée et nous la négligeons encore. Il semble, par notre conduite, que nous ignorions complètement en quoi consiste cette réforme, objet de tant de vœux. On voit souvent des hommes charnels se donner pour chrétiens, faire profession de croire en Christ et d'accepter son salut, lutter pour sa sainte cause, — et cependant n'avoir aucune part aux promesses de l'Évangile, parce que, dans leur aveuglement, ils espèrent arriver au salut sans la mortification de la chair, sans le renoncement au monde, au péché et à eux-mêmes, sans la sanctification, sans l'obéissance à l'esprit de Christ. Il en est de même d'une foule de ministres ; ils parlent, ils écrivent, ils prient, ils combattent pour la réforme ; ils se scandaliseraient, si quelqu'un venait à mettre en doute la sincérité de leurs désirs et de leurs efforts ; et cependant l'événement a montré combien ce doute était raisonnable et fondé.

D'où vient cet étrange aveuglement ? Comment des hommes pieux ont-ils pu s'abuser si grossièrement ? La cause en est facile à comprendre. Ils avaient en vue une réforme que Dieu lui-même devait opérer dans l'Église, mais ils ne songeaient point que cette réforme devait commencer par eux. Ils considéraient la fin, mais non les moyens. Ils espéraient sans doute que tout serait réformé, excepté eux et sans eux ; que le Saint-Esprit descendrait miraculeusement sur la terre ; qu'un ange ou qu'un prophète, venus du ciel, amèneraient le renouvellement et la restauration de l'Église ; que le glaive de la loi frapperait les pécheurs et les forcerait à l'amendement. Ils ne considéraient pas que cette réforme devait s'opérer par leurs soins et par leur activité, par le sérieux de leurs prédications et de leurs instructions, par une surveillance sans relâche sur le troupeau qui leur est confié. Nous nous étions tous un peu persuadé que lorsque les impies auraient été amenés à reconnaître notre autorité, ils seraient par cela même convertis et conduits de force dans le chemin du salut. Mais nous nous faisions d'étranges illusions ; et si nous avions exactement connu les moyens par lesquels la réforme devait s'effectuer, peut-être quelques-uns de nous auraient-ils été moins ardents à la demander. La réforme est pour plusieurs d'entre nous ce que le Messie était pour les Juifs. Avant sa venue, ils soupiraient après lui ; ils se glorifiaient en lui, ils se réjouissaient dans l'espérance de son avènement ; dès qu'il fut descendu sur la terre, ils ne purent le souffrir ; ils le persécutèrent de leur haine ; ils refusèrent de croire que c'était là celui qu'ils attendaient. Ils le persécutèrent et le firent mourir, attirant ainsi sur leur nation la malédiction de Dieu. « Le Seigneur que vous cherchez et l'ange de l'alliance que vous désirez entreront dans son temple : — Et qui pourra soutenir le jour de sa venue ? Qui pourra subsister quand il paraîtra ? Car il sera comme un feu qui raffine et comme le savon des foulons : et il sera assis comme celui qui affine et qui purifie l'argent ; il nettoiera les fils de Lévi ; il les purifiera comme l'or et l'argent, et ils apporteront à l'Éternel des oblations dans la justice (Malachie.3.1-3). »

La raison en est qu'ils attendaient un messie glorieux, qui devait leur apporter la puissance et la liberté. C'est ainsi que plusieurs d'entre nous envisageaient la réforme. Ils espéraient une réforme qui leur procurerait la richesse, l'honneur, le pouvoir ; ils reconnaissent maintenant qu'elle leur impose un surcroît de travail et de soins. Ils se flattaient qu'elle mettrait les impies à leurs pieds, ils s'aperçoivent maintenant que c'est à eux à jouer le rôle de suppliants, à se jeter aux pieds des pécheurs inconvertis, à solliciter humblement à la piété ceux qui autrefois menaçaient leur vie, à les gagner à force de mansuétude, de tendresse et de charité. Certes, ce n'est point là la réalisation de leurs espérances charnelles.

Article II : Difficulté de ce devoir

Après avoir exposé les motifs tirés de l'utilité de ce devoir, je passe aux motifs tirés de la difficulté de ce devoir. Si ces motifs étaient considérés seuls, ils tendraient plutôt à affaiblir qu'à exciter notre courage. Mais il en est autrement, si nous les considérons en relation avec ceux qui précèdent et avec ceux qui suivent. La nécessité d'une tâche une fois reconnue, les difficultés deviennent autant de motifs d'action. Comme ces difficultés sont évidentes, nous en parlerons très brièvement. Elles sont de deux sortes ; les unes viennent de nous-mêmes, — les autres viennent du troupeau.

I. Quant aux difficultés qui viennent de nous-mêmes :

Nous sommes enclins à l'indolence et à la paresse, et nous avons une répugnance naturelle à entreprendre et à accomplir une tâche aussi ardue. Comme le paresseux qui désire se lever, mais qui diffère le plus longtemps qu'il peut, ainsi reculons-nous devant la pratique d'un devoir qui répugne à notre nature corrompue. Il faut donc que nous fassions violence à ce mauvais penchant, et pour cela ce n'est pas trop de toute notre volonté et de toute notre énergie.

Nous avons une telle disposition à chercher à plaire aux hommes, que nous les laisserions volontiers se perdre et aller en enfer, plutôt que de nous exposer à les mécontenter en leur parlant de leur salut. Nous ne craignons pas d'encourir la colère de Dieu, et de compromettre le salut éternel des âmes ; mais nous craignons d'exciter le mécontentement des pécheurs. Tenons-nous soigneusement en garde contre cette fâcheuse disposition. — Plusieurs de nous sont retenus par une sotte timidité qui les empêche de parler ouvertement et sérieusement à leurs paroissiens. — Nous sommes ordinairement si craintifs que nous rougissons de plaider la cause de Christ contre Satan, tandis que nous ne rougissons pas de commettre des actions vraiment honteuses.

Nous sommes tellement charnels, que la crainte de compromettre nos intérêts matériels nous rend infidèles dans l'œuvre de notre divin maître. Nous craignons de diminuer nos revenus, de nous attirer des désagréments, de nous aliéner notre troupeau. Veillons soigneusement sur ces funestes tendances, et sachons leur résister.

Mais le plus grand de tous les obstacles est la faiblesse de notre foi. S'il n'y a pas en nous quelque tentation à l'incrédulité, notre foi aux grands dogmes de la gloire et de la malédiction futures est si faible, qu'elle est impuissante à nous donner cette ardeur, ce zèle, cette ferme résolution dont nous devrions être animés pour parler sérieusement aux hommes, de conversion et de salut. Combien il est donc important que les pasteurs fortifient leur foi aux vérités fondamentales de la religion, à la croyance, aux joies, aux tourments d'une vie à venir !

Enfin nous manquons généralement de capacité et d'habileté pour l'accomplissement de cette tâche. Nous ne savons point parler à un homme ignorant et mondain de sa conversion et de son salut. Nous ne savons point nous insinuer dans son esprit, approprier nos discours à son caractère, choisir les sujets les plus convenables et les traiter avec un saint mélange de sérieux, de sévérité, de douceur, de charité, de grâce évangélique. Oh ! qui est suffisant pour une si grande chose ? Il est moins difficile de prêcher convenablement que de plaider auprès d'un homme charnel la cause du Seigneur. Combien il nous faut de vigilance, de soin, de résolution, pour ne pas nous laisser vaincre par ces difficultés qui viennent de notre propre cœur !

II. Mais, outre ces difficultés, il en est d'autres qui viennent des personnes mêmes que nous avons à instruire et à exhorter.

D'abord, plusieurs refusent obstinément de recevoir l'instruction. Ils dédaignent de venir à nous, se persuadant qu'ils sont trop vieux pour s'instruire, ou trop sages pour avoir besoin de nos leçons. Il nous faut une grande force de raison et une grande puissance d'amour pour triompher de leur obstination et de leur perversité.

D'autres, qui seraient disposés à s'instruire, sont tellement dépourvus d'intelligence, qu'ils peuvent à peine apprendre une page. Honteux de leur ignorance, ils se tiennent à l'écart, si nous manquons de prudence et d'habileté pour les encourager.

Lorsqu'ils viennent à nous, ils y viennent avec une ignorance si grossière que nous avons une peine infinie à nous faire comprendre d'eux. En conséquence, si nous n'avons pas le talent de mettre de la clarté dans nos enseignements, nous laissons nos auditeurs aussi ignorants qu'auparavant. — Nous avons encore plus de peine à agir sur leur cœur et sur leur conscience, et à opérer en eux ce changement salutaire, sans lequel tout notre travail est perdu. Le cœur charnel est semblable à un rocher ; il s'endurcit aux plus pressantes sollicitations : les idées de la vie ou de la mort éternelle ne lui font aucune impression. Si donc nous manquons de sérieux et d'ardeur, si nous ne savons pas exprimer fortement ces grandes vérités, quel bien pouvons-nous espérer de nos exhortations ?

Enfin, lorsque nous sommes parvenus à produire sur leur cœur une impression salutaire, si nous ne veillons pas attentivement sur eux, ils retourneront bientôt à leur premier endurcissement. Leurs anciens compagnons et leurs anciennes tentations viendront détruire tout ce que nous aurons fait. En un mot, toutes les difficultés de l'œuvre de la conversion se lèvent contre nous dans l'accomplissement de notre devoir.

Article III : Nécessité de ce devoir

Si ce devoir n'était pas absolument nécessaire, les difficultés qu'il présente pourraient nous détourner de l'accomplir ; mais rien n'est mieux démontré que quelques-unes des considérations sur lesquelles cette nécessité repose.

1°. La pratique de ce devoir est nécessaire à la gloire de Dieu.

Comme tout chrétien doit vivre pour la gloire de son Père céleste, il entreprendra avec joie tout ce qui peut y contribuer, car elle est son grand, son unique but. Si ces enseignements étaient fidèlement donnés dans toutes les églises, si tous les fidèles voulaient s'y soumettre, quel moyen puissant de contribuer à la gloire de Dieu ! Si l'ignorance était bannie du milieu de nous, si toutes les familles s'occupaient activement à acquérir la connaissance des Saintes Écritures et des grandes vérités de la religion, si la méditation de la parole et des œuvres de Dieu était leur emploi journalier, combien cette contrée serait bénie, combien elle serait aimée de Dieu ! La gloire de Christ brille dans ses saints, et celui qui les honore, honore le Christ. Et cette gloire ne se déploiera-t-elle pas merveilleusement dans la nouvelle Jérusalem, quand elle apparaîtra avec splendeur et magnificence, telle qu'elle est décrite dans la révélation de saint Jean ? Si donc nous pouvons accroître le nombre et la puissance des saints, nous accroîtrons en même temps la gloire du roi des saints ; car il recevra honneur et louange de ceux qui autrefois déshonoraient son saint nom. Jésus-Christ sera aussi honoré par les fruits de son sacrifice expiatoire, et le Saint-Esprit par les fruits de sa divine influence.

Tout chrétien est obligé de faire tout ce qu'il peut pour contribuer au salut des autres ; mais un ministre y est doublement obligé, parce qu'il a été mis à part pour l'Évangile de Christ, et qu'il doit se dévouer tout entier à sa sainte mission. Personne, que je sache, ne met en doute la nécessité de la conversion ; personne, aussi, ne met en doute que l'instruction religieuse ne soit un des plus puissants moyens pour la produire. Que chacun de vous considère attentivement l'état de son troupeau, et qu'il voie si après tant de prédications publiques, la plupart des membres ne sont pas aussi ignorants que s'ils n'avaient jamais entendu l'Évangile. Pour ma part, je m'étudie à mettre dans mes prédications autant de clarté et de force que je puis en mettre, et cependant, je trouve des personnes qui ont été mes auditeurs pendant huit ou dix ans, et qui ignorent encore si Christ est Dieu ou homme, qui s'étonnent lorsque je leur raconte l'histoire de sa naissance, de sa vie et de sa mort, comme si elles n'en avaient jamais entendu parler. Et parmi ceux mêmes qui connaissent l'histoire de l'Évangile, combien il en est peu qui connaissent en même temps la nature de la foi, de la repentance, de la sainteté qu'il exige, ou du moins qui connaissent leur propre cœur ! Quoique vivant selon le monde et selon la chair, ils attendent néanmoins de Jésus-Christ leur pardon, leur justification et leur salut. Ils prennent leur confiance aveugle pour la foi qui justifie. Je me suis assuré, par l'expérience, qu'une demi-heure d'entretien particulier produit chez ces personnes ignorantes plus de connaissance, plus de componction que dix années de prédications publiques. Je sais que la prédication publique, s'adressant à la fois à un grand nombre de personnes, est un excellent moyen d'édification ; mais elle a l'inconvénient de n'être pas suffisamment claire pour tous ; elle n'admet pas ces expressions familières, ces répétitions dont nous pouvons faire usage dans un entretien particulier. Nos discours publics ont généralement trop d'étendue pour être parfaitement à la portée de l'intelligence et de la mémoire de nos auditeurs : ceux-ci ne peuvent suivre l'enchaînement de nos idées ; une pensée leur fait oublier l'autre, en sorte qu'ils ne retiennent presque rien de ce que nous avons dit. Dans des entretiens particuliers, au contraire, nous pouvons procéder graduellement et pas à pas ; nous pouvons questionner notre interlocuteur, provoquer ses réponses, et nous assurer s'il nous a bien compris. D'où je conclus que la prédication publique n'est pas suffisante ; elle n'a que peu d'efficacité si elle n'est secondée par l'instruction particulière.

2° La pratique de ce devoir est nécessaire au bien spirituel de notre troupeau.

Mes frères, pouvez-vous considérer attentivement l'état de vos paroissiens et ne pas vous apercevoir qu'ils implorent votre aide ? et pouvez-vous la leur refuser ? Pouvez-vous être sourds à leurs appels, lorsqu'ils vous crient, comme autrefois le Macédonien à saint Paul : « Venez à notre secours ! » Au milieu d'une foule de malades confiés à vos soins, pouvez-vous être insensibles à leurs plaintes, à leurs gémissements, à leurs sanglots ? « Celui qui voit son frère dans le besoin, et qui lui ferme ses entrailles, comment l'amour de Dieu demeure-t-il en lui ? » Si cela est vrai de celui qui ne soulage pas les besoins du corps, cela n'est-il pas encore plus vrai de celui qui ne soulage pas les besoins de l'âme ? Vous auriez certainement pitié d'un malade, d'un prisonnier, d'un affligé, — et comment n'auriez-vous pas pitié d'un pécheur ignorant et obstiné, d'un infortuné qui doit être pour jamais exclu de la présence de Dieu et exposé à sa colère, s'il ne se repent et ne se convertit ? Oh ! quel endurcissement de cœur ne dénote pas une telle insensibilité ! De quelle froideur, ou plutôt de quelle incrédulité n'est-elle pas le signe ! Car, si vous étiez bien convaincus de la misère des pécheurs impénitents, votre cœur serait nécessairement ému de compassion envers eux. Après avoir du haut de la chaire averti les pécheurs de leur danger, ne ferez-vous rien pour les y soustraire ? Laisserez-vous des millions d'hommes courir à leur perte, quand vous avez mission de les sauver ?

Si vous entendiez des pécheurs s'écrier en vous suivant : « Oh ! ayez pitié de moi ! j'ai besoin de vos conseils ; je suis sous le poids de la colère de Dieu. Je dois bientôt quitter ce monde, et je crains d'être éternellement misérable dans l'autre ; » seriez-vous sourds à leurs prières ? S'ils venaient à votre porte vous demander ce qu'ils doivent faire pour échapper à la condamnation éternelle, les repousseriez-vous et leur refuseriez-vous vos conseils ? Je ne puis me résoudre à le croire. Et cependant, ces personnes sont encore moins misérables que celles qui ne demandent pas de secours. Le pécheur insouciant qui ne réclame point votre ministère est celui qui en a le plus besoin ; car l'homme le plus digne de compassion est celui qui n'a pas assez de vie pour sentir son état de mort spirituelle, pas assez de lumières pour s'apercevoir de son danger. Considérez les pécheurs qui vous entourent, et voyez combien sont en péril imminent de condamnation ; ils n'implorent pas à la vérité votre secours, mais vous savez qu'il leur est indispensable ; vous savez que sans ce secours ils n'échapperont pas aux flammes dévorantes de l'enfer. Comment pouvez-vous vous entretenir et causer sur des sujets indifférents ou frivoles avec de telles personnes, lorsque vous connaissez leur position ? Il me semble qu'en les voyant et en songeant aux tourments éternels qu'elles doivent endurer, vous devriez, comme le prophète à la vue d'Hazaël, fondre en larmes et chercher à les toucher par les plus pressantes sollicitations.

3° La pratique de ce devoir n'est pas moins nécessaire à votre bien spirituel qu'à celui de votre troupeau ; car la manière dont vous vous en serez acquittés formera un des éléments du jugement qui sera prononcé sur vous au dernier jour.

Vos devoirs, comme ministres, ne sont pas moins essentiels à votre salut que vos devoirs, comme chrétiens. Que votre sollicitude s'étende donc aussi à vous-mêmes ; prévenez l'effet de cette terrible menace : « Si tu n'as pas averti le méchant pour lui dire de se garder de son mauvais train, afin de lui sauver la vie, ce méchant-là mourra dans son iniquité ; mais je redemanderai son sang de ta main (Ezech.3.17). » Le jour n'est pas éloigné où les ministres infidèles regretteront de s'être imposé une tâche aussi redoutable et trouveront la condition du plus obscur artisan préférable à celle de conducteur du troupeau de Jésus-Christ, en songeant que non seulement ils auront à répondre pour leurs propres péchés, mais qu'ils seront encore responsables de la perte d'une multitude d'âmes.

O mes frères ! songeons que nous devons mourir ; songeons que nous devons comparaître, préparés ou non, devant un juge qui n'a point égard à l'apparence des personnes. Oh ! puissions-nous, au pied de son tribunal, nous rendre ce consolant témoignage : « Je n'ai pas vécu pour moi-même, mais pour Christ ; je n'ai point enfoui mon talent. » Travaillons donc, pendant qu'il est encore jour, car « la nuit vient où personne ne peut plus travailler. » Si vous voulez vous préparer à une mort douce et tranquille, à une éternité glorieuse, le champ de la moisson est ouvert devant vous. Ceignez vos reins et travaillez avec ardeur, afin de pouvoir vous dire à la fin de votre vie : « J'ai combattu le bon combat, j'ai achevé ma course, j'ai gardé la foi ; j'ai en réserve une couronne de justice que le Seigneur, juste juge, me donnera au dernier jour. » Si vous voulez être bénis avec ceux qui meurent au Seigneur, travaillez maintenant, afin de pouvoir vous reposer alors, et faites des œuvres telles que vous vous réjouissiez de les voir vous suivre, et non telles que vous redoutiez de les voir s'élever en témoignage contre vous.

Article IV : Application de ces motifs

Après avoir exposé les nombreux motifs qui nous engagent à la pratique de ce devoir, appliquons-les à notre conscience, pour nous humilier et nous encourager en même temps.

1°. Combien nous avons sujet de nous humilier devant le Seigneur, d'avoir négligé pendant si longtemps une œuvre si sainte et si excellente ; d'avoir été ministres de l'Évangile pendant tant d'années et d'avoir si peu travaillé à l'instruction et à l'édification des âmes qui nous sont confiées ! Si nous avions commencé plus tôt cette tâche, combien d'âmes auraient été amenées à Christ, combien nos congrégations auraient été plus heureuses ! Et pourquoi avons-nous tant tardé à nous mettre à l'œuvre ? Sans doute, il y avait des obstacles sur notre chemin, comme il y en a encore à présent, comme il y en aura aussi longtemps que nous serons exposés aux tentations du démon, aussi longtemps que nous aurons un cœur corrompu, ennemi de la lumière et de la vérité. Mais nous devons reconnaître aussi que les plus grands obstacles se sont rencontrés dans nous-mêmes, dans notre aveuglement, dans notre tiédeur, dans notre lâcheté, dans notre inaptitude à l'œuvre de Dieu. Oui, nous avons péché, et nous n'avons point d'excuse pour notre péché ; la grandeur du devoir que nous avons négligé rend notre transgression si énorme, que ce serait vainement que nous chercherions à la pallier. Que le Dieu de miséricorde veuille nous pardonner et ne point entrer en compte sévère avec nous ! Qu'il daigne couvrir notre infidélité, qu'il daigne nous purifier dans le sang de l'alliance éternelle, afin qu'au jour de la venue du grand pasteur des âmes, nous puissions paraître devant lui et n'avoir point à répondre de la dispersion de son troupeau ! Nous nous sommes humiliés souvent par l'observation des jours d'humiliation et de jeûne, pour la patrie, pour les fautes de tous nos frères : — espérons que Dieu humiliera aussi ses ministres, qu'il leur inspirera une vive et sincère repentance ; — qu'il leur fera comprendre qu'ils ont aussi des fautes à déplorer et qu'ils doivent d'abord obtenir leur propre pardon, afin de se préparer à demander et à obtenir celui des autres.

2°. Et maintenant, mes frères, que nous reste-t-il à faire pour l'avenir, sinon à secouer notre indolence charnelle et à nous mettre diligemment à l'œuvre ? La moisson est grande, — les ouvriers sont peu nombreux, — les âmes sont précieuses, — la misère actuelle des pécheurs est extrême, — leur misère à venir est plus effrayante encore, — les joies du ciel sont inestimables, — la tâche d'un ministre fidèle est douce et consolante, — la joie du succès est pour lui une glorieuse récompense. Quel honneur d'être ouvriers avec Dieu et avec son esprit, de seconder l'efficacité du sacrifice expiatoire de Jésus-Christ pour le salut des hommes ! Mais aussi, combien cette tâche est difficile ! combien il faut d'habileté et de vigilance pour conduire l'armée de Christ à l'ennemi, pour la guider sûrement à travers de sombres déserts, pour conduire son vaisseau au milieu des tempêtes, des rochers et des écueils, et pour lui faire atteindre le port !

Si les difficultés de l'œuvre sont grandes, nous sommes cependant placés dans des conditions favorables pour les surmonter ; d'immenses préparatifs ont été faits pour nous ; nous jouissons d'une liberté et d'une tranquillité inconnues à nos devanciers : tout nous presse d'agir ; le temps s'écoule rapidement, la mort moissonne chaque jour nos frères, l'éternité les attend. Que de motifs d'actions ! que d'excitations au devoir ! que d'aiguillons à l'activité et à la vigilance ! Eh quoi ! mes frères, malgré votre instruction et votre sagesse, seriez-vous aussi peu intelligents que le commun du peuple, et avez-vous besoin de tant de paroles pour vous exciter à la pratique d'un devoir reconnu et si important ? Ne doit-il pas vous suffire que l'on vous montre dans la Parole de Dieu une seule ligne établissant clairement que telle est sa volonté et que l'exercice de ce devoir contribuera au salut de votre troupeau ? La simple vue des misères qui vous entourent ne suffit-elle pas pour exciter toute votre commisération ? Si un malheureux, privé de ses membres, vous montrait ses plaies et ses meurtrissures, ne serait-ce point assez pour vous émouvoir ? Et qu'est cette misère auprès de celle des âmes condamnées à la perdition ? Oh ! si les vérités éternelles que nous prêchons journellement étaient clairement et fortement empreintes dans nos cœurs, quel changement remarquable s'opérerait dans notre prédication et dans notre conduite habituelle ! Oh ! pourquoi faut-il que nous parlions sans cesse du ciel et de l'enfer, sans être nous-mêmes profondément convaincus de leur réalité, sans être animés des dispositions graves et sérieuses que doit faire naître la pensée d'un avenir éternel ?

Pour moi, je le confesse ; j'ai honte de ma froideur et de mon insensibilité ; je m'étonne douloureusement de ce que je ne m'inquiète pas de mon âme et de celle des autres, comme un homme qui attend le grand et redoutable jour du Seigneur ; — de ce qu'il y a encore dans mon esprit de la place pour d'autres pensées ; — de ce que ces graves vérités n'absorbent pas complètement toutes mes facultés ; je m'étonne douloureusement de ce que je puis en parler avec tant de froideur et de légèreté, de ce que je puis laisser les hommes périr dans leurs péchés, de ce que je ne les presse pas avec plus de chaleur de se repentir et de s'amender, quelque peine qu'il dût m'en coûter. Je descends rarement de la chaire, que ma conscience ne me reproche de n'avoir pas été plus sérieux et plus pressant. Je ne me demande pas si mes discours ont été dépourvus d'élégance et d'ornement, mais je me demande comment j'ai pu parler de la vie et de la mort éternelle avec tant de froideur ; je me demande si mes paroles étaient le fruit et la manifestation d'une conviction profonde, ou si elles n'étaient pas un vain amusement ? Je me demande comment j'ai pu annoncer à mes auditeurs la misère qui les attend et ne pas en gémir avec eux, ne pas pleurer sur eux, ne pas les supplier avec larmes de fuir la colère à venir. Tels sont les poignants reproches que m'adresse ma conscience, et cependant, mon âme engourdie en est à peine réveillée. Oh ! combien est déplorable cet endurcissement du cœur !

C'est avec honte et « confusion de face » que je remarque combien est différente l'impression produite sur moi par la pensée de l'éternité, lorsque je suis en chaire ou lorsque je suis couché sur un lit de douleur. Cette pensée qui, dans le premier cas, ne produit sur moi qu'une impression faible et passagère, me trouble et m'émeut profondément, lorsque je contemple la mort face à face. O mes frères ! si vous aviez été aussi souvent que moi en présence de la mort, votre conscience ne vous laisserait pas vivre en paix dans la négligence de vos devoirs pastoraux ; elle vous adresserait plus d'une fois ces sérieuses questions : « Est-ce là toute ta commisération pour des pécheurs perdus ? Ne veux-tu rien faire de plus pour les conduire sur la voie du salut ? Ne vois-tu pas autour de toi des milliers de ces enfants de perdition ? Attends-tu qu'ils soient en enfer pour leur adresser une parole d'exhortation ? Faudra-t-il qu'ils te maudissent de ce que tu n'as rien fait pour les sauver ? » Que le Dieu de miséricorde veuille me pardonner à moi et à tous ceux de ses serviteurs qui ont à se reprocher une si cruelle négligence. Je le confesse à ma honte, je n'entends jamais sonner la cloche annonçant un service funèbre, que ma conscience ne me demande : « Qu'as-tu fait pour le salut de cette âme, lorsqu'elle était encore dans son enveloppe mortelle ? La voilà maintenant devant son juge : qu'as-tu fait pour la préparer au jour de son jugement ? » Et cependant, j'ai persévéré dans ma négligence à l'égard de ceux qui vivent encore.

Lorsque vous confiez un corps à la tombe, ne vous dites-vous pas : « Le corps est là dans la poussière ; mais où est l'âme ? Qu'ai-je fait pour elle avant son départ pour l'éternité ? Elle était confiée à ma charge, quel compte aurai-je à en rendre ? » Un jour viendra, où nous serons forcés de répondre à ces questions. Si nos cœurs nous condamnent, Dieu, qui est plus grand que nos cœurs, nous condamnera encore plus sévèrement. La sentence de notre conscience n'est rien auprès de celle que Dieu prononcera. Notre conscience n'aperçoit qu'une bien faible partie de notre misère ; mais Dieu la voit tout entière. Des transgressions qui nous semblent légères nous paraîtraient monstrueuses, si nous étions plus éclairés. Nous pouvons endormir notre conscience, nous pouvons la séduire et la gagner ; mais Dieu est un juge que nous ne pouvons ni gagner ni corrompre. C'est pourquoi, embrassant le royaume qui ne peut être ébranlé, conservons la grâce par laquelle nous puissions servir Dieu d'une manière qui lui soit agréable, avec respect et avec crainte ; car notre Dieu est un feu consumant. » (Héb. 12.28-29) Mais de peur que vous ne disiez que je cherche à vous effrayer par des dangers imaginaires, je dois vous prouver la certitude de la condamnation réservée aux pasteurs négligents, et vous montrer combien de témoins s'élèveront contre nous, au jour du jugement, si nous sommes infidèles dans l'accomplissement de notre devoir.

Nos parents, qui nous ont destinés au saint ministère, nous condamneront en disant : « Seigneur, nous les avons destinés à ton service ; mais ils n'en ont fait aucun cas, et se sont servis eux-mêmes. »

Nos instituteurs, nos professeurs, les universités où nous avons été instruits, les années que nous avons passées dans les études, s'élèveront contre nous au jour du jugement et nous condamneront ; car, quel était le but d'une si longue préparation, si ce n'est le service de Dieu ?

Notre science, nos talents, nos connaissances nous condamneront ; car pourquoi, si ce n'est pour l'œuvre de Dieu, tous ces dons nous ont-ils été accordés ?

Notre engagement volontaire à nous charger du soin des âmes nous condamnera ; car tout homme doit tenir scrupuleusement les engagements qu'il a contractés.

La sollicitude de Dieu pour son Église, et les souffrances du Christ pour elle s'élèveront contre nous, au jour du jugement, et nous condamneront, si par notre négligence, nous causons la perte de ceux pour qui Christ a voulu mourir.

Tous les préceptes et tous les commandements de l'Écriture Sainte, toutes les promesses de secours et de récompense, toutes les menaces de châtiment s'élèveront contre nous et nous condamneront ; car ce n'est point en vain que Dieu a parlé.

Les exemples des prophètes et des apôtres, ceux des fidèles serviteurs du Christ qui ont vécu de notre temps et parmi nous s'élèveront contre nous, au jour du jugement, pour nous condamner ; car ces exemples étaient proposés à notre imitation et à notre émulation.

Tous les sermons que nous prononçons, et dans lesquels nous engageons nos paroissiens à travailler à leur salut avec crainte et tremblement, à se saisir de la couronne de vie, à entrer par la porte étroite, à courir de manière à remporter le prix, s'élèveront contre les pasteurs infidèles et les condamneront; car, s'il est du devoir de nos auditeurs de travailler à leur salut, ne devons-nous pas, nous qui sommes chargés de les conduire, nous employer à cette œuvre avec activité et avec zèle?

Tous les sermons que nous prêchons, et dans lesquels nous exposons le danger du péché, la corruption originelle, la nécessité d'un Sauveur, les joies du ciel, les tourments de l'enfer, s'élèveront contre les ministres infidèles pour les condamner. Ils seront forcés de se dire : « Eh quoi! dans mes discours publics, j'ai entretenu mes auditeurs de ces dangers et de ces espérances, et dans mes entretiens particuliers, je n'ai rien fait pour leur salut! Ces grandes vérités n'avaient-elles donc de l'importance que dans mon ministère public? Quel sujet de confusion! quelle terrible accusation contre moi? »

Si nous sommes infidèles, ce que nous recevons pour notre subsistance même nous condamnera; car un serviteur doit gagner son salaire en travaillant. Si nous retirons quelques avantages de notre troupeau, il est juste que nous en prenions soin.

Tous les témoignages que nous avons portés contre les pasteurs infidèles, tous les efforts que nous avons faits pour les éloigner de la chaire nous condamneront; car Dieu ne fait point acception de personnes. Si nous les imitons dans leurs transgressions, tout ce que nous avons dit contre eux, nous l'avons dit contre nous ; Dieu nous condamnera comme nous les avons condamnés.

Tous les jugements que Dieu a exécutés, de nos jours et sous nos yeux, contre les pasteurs négligents, nous condamneront si nous sommes infidèles. S'il les a rendus odieux à leurs troupeaux, s'il en a fait pour eux des objets de dégoût et de mépris, quel sort croyons-nous qu'il nous réserve? S'il les a expulsés de leurs églises et de leurs chaires, s'il a couvert leurs noms d'infamie, comment osons-nous, en suivant leurs exemples, nous exposer aux mêmes châtiments?

[Quoique l'Angleterre n'ait jamais possédé un clergé aussi pieux et aussi capable que celui qui desservait les églises lorsque Baxter écrivait cet ouvrage, les craintes qu'il exprime ici ne tardèrent pas à se réaliser ; par l'acte d'uniformité publié par Charles II, peu de temps après la restauration, *deux mille pasteurs* dévoués se virent obligés de quitter leurs églises ; Baxter fut un d'entre eux.]

Aurions-nous imité les désordres de l'ancien monde, si nous avions été témoins du déluge qui les a punis ? Aurions-nous imité Judas dans sa trahison, si nous avions été témoins de sa mort infâme ? Aurions-nous été, comme Ananias et Saphira, menteurs, sacrilèges et hypocrites, s'ils avaient été punis sous nos yeux ? Aurions-nous osé nous élever contre l'Évangile, si nous avions-vu Elymas frappé d'aveuglement ? Oserons-nous de même imiter les pasteurs négligents et infidèles, quand nous avons vu le Seigneur les chasser de son temple, couverts d'opprobre et d'ignominie ? Dieu nous en préserve ! car notre condamnation serait inévitable.

Enfin, les jeûnes et les prières que nous avons, faits pour la réforme de l'Église, s'élèveront au jour du jugement pour notre condamnation, si nous rejetons une partie de notre tâche, parce qu'elle nous paraîtra pénible. Ces jeûnes et ces prières aggravent nos transgressions d'une manière redoutable. Y a-t-il une nation qui ait autant que la nôtre sollicité le Seigneur par le jeûne et par la prière ? Et quel était l'objet de nos supplications ? n'était-ce pas principalement la réforme de l'Église ? ne demandions-nous pas surtout un ministère fidèle et le rétablissement de la discipline ? Et avons-nous jamais pu nous imaginer que quand nous aurions obtenu ce que nous demandions, quand nous aurions acquis la liberté de rétablir cette discipline, nous n'aurions rien autre chose à faire qu'à prêcher, et que nous n'aurions pas aussi à donner à notre troupeau des instructions particulières ? Notre cœur serait-il donc à ce point trompeur et perfide ? — Je dois l'avouer : plus d'une fois j'ai averti ceux qui combattaient pour le rétablissement de la discipline, qu'ils ne pourraient la supporter lorsqu'ils l'auraient obtenue. J'étais persuadé que quand ils seraient soumis à l'exercice de cette discipline, quand ils seraient obligés d'écouter l'instruction, quand ils se verraient repris de leurs péchés en particulier et en public, quand ils se verraient contraints à les confesser et à s'en repentir, sous peine d'être retranchés de l'Église, ils se révolteraient contre le joug de Christ comme contre une insupportable tyrannie ; mais j'étais en même. temps bien loin de penser que les ministres les, laisseraient agir à leur volonté et ne feraient aucun. effort pour les amener à l'obéissance.

Oh ! que d'ardentes prières j'ai entendues pour l'institution d'un ministère fidèle et pour le rétablissement de la discipline ! Il semblait que l'on en attendit le salut de l'Église. On appelait la discipline « le règne de Christ, l'exercice de son Sacerdoce royal dans l'Église ; » on la demandait comme la restauration du royaume de Dieu ; j'étais loin de penser qu'on refuserait de la rétablir lorsqu'on en aurait le pouvoir.

Si Dieu, qui connaît nos cœurs, au milieu de nos supplications et de nos prières, eût fait entendre dans nos assemblées solennelles ces redoutables paroles : « O pécheurs au cœur faux et trompeur ! pourquoi me fatiguer de vos prières hypocrites pour un objet dont vous ne voudriez pas, si je vous l'accordais ? qu'est-ce que la réforme, sinon l'instruction et la correction des pécheurs, l'exhortation pressante de recevoir Christ et la grâce, le gouvernement de l'Église conformément à ma sainte parole ? C'est là votre tâche, et cependant vous refusez de vous en charger, parce que vous la trouvez pénible. Malgré les délivrances que je vous ai accordées, c'est vous et non moi que vous voulez servir. » Quel n'eût pas été notre étonnement, si le Seigneur eût ainsi répondu à nos prières ! Ne nous serions-nous pas écriés comme Hazaël : « Ton serviteur est-il un chien pour commettre une telle chose ? » — ou, comme saint Pierre : « Quand même tous les autres t'abandonneraient. Je ne t'abandonnerais point. » — Eh bien ! mes frères, une triste expérience nous a démontré notre faiblesse. Nous avons refusé la partie pénible et difficile de cette réforme que nous demandions dans nos prières ; mais Jésus-Christ tourne encore vers nous un regard de compassion. Oh !

repentons-nous et pleurons amèrement, pour éloigner de nous de plus grands malheurs ; réformons-nous et suivons Jésus-Christ que nous avons abandonné, suivons-le, au prix de beaucoup de peine et de souffrances, au prix même de notre vie.

Assurément, mes frères, si je ne regardais cette partie de votre tâche comme de la plus haute importance pour vous-mêmes, pour le troupeau confié à vos soins et pour la gloire de Dieu, je n'y aurais point insisté si longtemps, je n'aurais pas pris la liberté de vous tenir un langage qui peut-être vous aura paru trop sévère. Mais quand il s'agit d'une question de vie et de mort, on néglige les précautions oratoires et l'on va droit au but. Le devoir que je remplis en ce moment est un des plus importants qui m'aient jamais été imposés ; et si vous partagez mes sentiments à cet égard, vous ne jugerez pas que je vous aie parlé avec trop d'insistance ou trop de sévérité. Si, après avoir traité avec quelque chaleur les questions de réforme, quand il ne s'agissait que de formes et de cérémonies extérieures, je montrais de l'indifférence et de la froideur dans une question aussi vitale que celle qui nous occupe, ce serait de ma part une choquante contradiction. Parce que nous avons rejeté quelques cérémonies, changé quelques ornements ecclésiastiques, aboli quelques vaines formalités, croyons-nous la réforme complètement opérée ? oublions-nous que notre grande affaire est la conversion et le salut des âmes ? C'est là ce qui fait le fonds de la réforme : c'est là ce qui doit contribuer le plus efficacement au bien-être spirituel des âmes commises à notre charge.

L'instruction particulière de vos paroissiens est pour vous un devoir aussi rigoureux que la prédication publique. Si vos loisirs vous sont plus précieux que les âmes immortelles et que le sang de Christ, — laissez de côté les ignorants et les impies, — livrez-vous à vos plaisirs et à vos soins mondains, — ne vous exposez pas à déplaire aux pécheurs et à votre propre chair, — et si votre prédication publique est insuffisante pour sauver les pécheurs, laissez-les périr ! « mais sachez que pour toutes ces choses, Dieu vous fera venir en, jugement. »

2.2 Objections contre l'exercice de ce devoir

Je dois maintenant répondre à quelques objections que l'on oppose à l'exercice du devoir sur lequel j'ai appelé votre attention.

1RE OBJECTION. Nous dispensons à nos paroissiens des enseignements publics ; sommes-nous, de plus, obligés de les instruire chacun en particulier ?

Réponse. Vous priez pour eux en public : ne devez-vous pas aussi prier pour eux en particulier ? Paul instruisait et exhortait tout homme ; et cela, non pas seulement en public, mais de maison en maison, nuit et jour, et avec larmes. Et d'ailleurs, l'expérience n'est-elle pas là pour nous faire sentir l'indispensable nécessité de ces instructions particulières ? quelques-uns de ceux que vous prétendez instruire par la prédication ne sont-ils pas encore dans une ignorance déplorable sur la divinité des personnes de la Trinité, sur les deux natures de Jésus-Christ, sur son ministère comme Rédempteur et comme Sauveur, et sur une foule d'autres questions d'une égale importance ? Quelques heures d'un entretien familier leur donneront sur ces questions des notions plus justes que celles qu'ils pourraient retirer de nombreuses prédications.

2ᴇ Objection. Ces instructions nous occuperont tellement qu'il ne nous restera plus de temps pour étudier. Nous sommes, pour la plupart, jeunes et peu expérimentés, et nous avons besoin de cultiver notre intelligence, et d'étendre nos connaissances.

Réponse. 1° Je suppose que ceux à qui je m'adresse connaissent les doctrines fondamentales du christianisme, et sont en état de les enseigner. Et cet enseignement est certainement plus important que l'acquisition de quelques connaissances accessoires. J'estime hautement la science, et je n'engagerai personne à la dédaigner ; mais j'estime à plus haut prix le salut des âmes. C'est là notre grande tâche, celle qui doit passer avant tout. Sans doute, il est avantageux pour un médecin d'avoir fait une étude approfondie de son art, de pouvoir le pratiquer avec intelligence, et d'en connaître les difficultés et les secrets ; mais s'il était placé à la tête d'un hospice, où s'il résidait dans une ville ravagée par la peste, et si, au lieu de visiter ses malades et de leur donner des soins, il employait son temps à acquérir de nouvelles connaissances ; s'il renvoyait ses malades en leur disant qu'il n'a pas le temps de leur donner des consultations, parce qu'il est occupé à étudier, — je ne serais pas éloigné de le regarder comme un meurtrier. Il en est de même du pasteur : pour lui, l'exercice de son ministère est plus important que le soin de ses études. Efforcez-vous d'aller au ciel et d'y conduire vos fidèles ; et là, vous apprendrez en un moment des milliers de choses que toutes vos études n'auraient jamais pu vous faire connaître.

2° En exerçant ainsi votre ministère, votre science gagnera en intensité ce qu'elle perdra en étendue. Vous saurez moins de choses, mais vous saurez mieux celles qui sont vraiment importantes. Ces communications sérieuses avec les pécheurs vous feront, mieux que toute autre voie, connaître les doctrines sanctifiantes de la religion : et cette science est préférable à toute autre. Oh ! quand je tourne mes regards vers le ciel, quand je m'efforce de contempler cette lumière inaccessible, quand je soupire après la connaissance de Dieu, et que je trouve mon âme si dépourvue de lumière et si éloignée de lui, je suis prêt à me dire : « Non, je ne connais pas Dieu, il est trop au-dessus de moi. » Alors j'échangerais volontiers toutes les connaissances que je possède pour une seule lueur de la connaissance de Dieu et de la vie à venir. Je renoncerais avec joie à tout ce que j'ai acquis de science humaine pour un rayon lumineux qui me fît entrevoir les choses que je dois bientôt contempler. J'ai la conviction qu'en parlant sérieusement des choses éternelles, en insistant fortement sur les vérités fondamentales, vous croîtrez plus en véritable science qu'en employant votre temps à des études curieuses et intéressantes sans doute, mais beaucoup moins nécessaires. Vous vous apercevrez même que l'exercice de ce devoir vous sera plus utile, dans votre carrière pastorale, que vos études de cabinet. Pour un médecin, pour un jurisconsulte, pour un théologien, la pratique est un auxiliaire indispensable de la spéculation. C'est se condamner à l'inutilité dans le service de Dieu, que de passer toute sa vie à s'y préparer. Les âmes périssent, tandis que vous étudiez les moyens de les sauver.

3° J'ajouterai que vous avez assez de temps pour tout. N'en perdez point à des occupations inutiles ou à des divertissements frivoles. Que chaque minute vous soit précieuse. Mettez toute votre énergie à tout ce que vous faites, et vous verrez que vous avez assez de temps pour vos études particulières et pour l'instruction de votre troupeau.

4° Considérez l'ensemble de vos devoirs ; préférez les plus importants ; ne négligez aucun de ceux que vous pouvez remplir ; faites en sorte qu'ils ne se nuisent point l'un à l'autre, mais que chacun ait sa place déterminée. Si la nécessité exige que l'un soit sacrifié à l'autre, j'avoue pour ma part que je n'hésiterais pas à laisser de côté toutes les bibliothèques du monde, plutôt que de me rendre coupable de la perte d'une seule âme. Du moins, je reconnais que tel serait mon devoir.

3ᴇ OBJECTION. Ces travaux continuels ruineront notre santé et épuiseront nos forces ; il ne nous restera pas un moment de loisir ; il faudra nous priver du commerce de nos amis, nous condamner à ne jamais sortir de chez nous, à ne jamais goûter la plus innocente récréation. Nous paraîtrons sauvages et moroses, et notre esprit continuellement tendu finira par perdre tout son ressort et toute son énergie.

Réponse. 1° C'est là un prétexte de la chair et du sang. Le fainéant dit : « Il y a un lion dans mon chemin : il ne veut pas mettre la main à la charrue à cause du froid. » Si vous écoutez la chair et le sang, il n'y a pas un de vos devoirs contre lequel ils ne puissent alléguer d'aussi bonnes raisons. Si de tels raisonnements avaient quelque valeur, il n'y aurait pas eu un seul martyr, pas même un seul chrétien.

2° L'exercice de ce devoir ne s'oppose pas à ce que nous goûtions une innocente récréation. Je le sais par une longue expérience. Quoique j'aie langui pendant bien des années dans une extrême faiblesse corporelle, quoique, pour ma santé, j'aie été obligé de prendre beaucoup d'exercice, et que par conséquent j'aie des raisons pour reconnaître combien l'exercice est utile ; — cependant je me suis aperçu qu'en usant de cette précaution hygiénique dans de justes limites, on peut encore trouver assez de temps pour remplir des devoirs indispensables.

Quant à ceux qui ne veulent point contenir dans de justes bornes ce désir de récréation et de délassement, qui s'y abandonnent pour complaire à leur chair, au lieu d'en user seulement comme d'un moyen de se rendre plus propres à l'accomplissement de leur tâche, je leur conseille d'étudier un peu mieux la nature du christianisme, le danger de la sensualité, la nécessité de la mortification et du renoncement, avant de songer à exhorter les autres. Si vos plaisirs vous sont à ce point nécessaires, vous n'auriez pas dû embrasser une vocation qui exige que le service de Dieu soit tout votre plaisir, et qui vous recommande le renoncement à toutes les satisfactions sensuelles. La guerre du chrétien consiste dans le combat entre, la chair et l'esprit.

Il y a cette différence entre le vrai chrétien et l'homme inconverti, que l'un vit selon la chair, tandis que l'autre vit selon l'esprit et mortifie les désirs charnels. Vous, qui proclamez ces vérités, devez-vous être si fortement attachés à vos plaisirs ? S'il en est ainsi, abandonnez la prédication de l'Évangile et la profession du christianisme, et montrez-vous tels que vous êtes ; et comme « vous semez pour la chair, vous moissonnerez de la chair, la corruption. » « Je cours, dit saint Paul, mais non pas à l'aventure ; je frappe, mais non pas en l'air ; mais je traite durement mon corps et je le tiens assujetti, de peur qu'après avoir prêché aux autres, je ne sois moi-même rejeté (1Cor.9.26-27). » N'est-ce pas pour nous, encore plus que pour saint Paul, une nécessité d'agir ainsi ? Lorsqu'il cherche à assujettir son corps, oserons-nous complaire au nôtre et satisfaire ses désirs ? Si saint Paul, après avoir prêché aux autres, craint encore d'être rejeté, n'avons-nous pas plus que lui de bonnes raisons pour craindre ? — Je sais que le plaisir est légitime dans une certaine limite : c'est lorsqu'il n'est qu'une préparation au travail ; mais sacrifier au plaisir notre temps, notre devoir, le soin que nous devons aux âmes, c'est une lâcheté incompatible avec la fidélité d'un chrétien, et surtout avec la fidélité d'un ministre de Christ : c'est être « amateurs des voluptés plutôt que de Dieu. (2Tim.3.4) » C'est mériter d'être rejetés de la communion chrétienne ; car il nous est commandé de « nous éloigner de pareilles gens. » Un homme d'étude a tant de délassements intellectuels, que sa récréation doit avoir pour but la santé de son corps ; elle ne doit pas, toutefois, lui dérober un temps précieux.

3° Il est peu probable que ce travail soit préjudiciable à notre santé. Tout sérieux qu'il doit être, il exercera modérément nos forces et ne les épuisera point. On peut parler toute la journée sur d'autres sujets sans altérer sa santé ; pourquoi des entretiens sur le salut auraient-ils un effet plus funeste ?

4° A quoi doivent être employés notre temps et nos forces, si ce n'est au service de Dieu ? Un flambeau est-il fait pour autre chose que pour se consumer ? Puisqu'il faut que nous brûlions et que nous nous consumions, ne vaut-il pas mieux que ce soit en éclairant aux hommes le chemin du ciel, en travaillant à l'œuvre de notre maître, qu'en vivant selon la chair ? Qu'une vie ait été longue ou courte, la différence est bien peu de chose, quand on arrive à la fin. A l'heure de votre mort, sera-ce pour vous une consolation d'avoir prolongé votre vie aux dépens de votre œuvre ? Celui qui travaille beaucoup, vit beaucoup. Notre vie doit être appréciée par son utilité et son emploi, et non par sa durée. « Le paresseux, dit Sénèque, a longtemps existé ; mais il n'a pas longtemps vécu. » Ne serons-nous pas plus heureux à l'heure de notre mort, en passant en revue une vie courte, mais bien employée, qu'une vie longue, mais misérablement perdue ?

5° Quant aux visites et aux relations sociales, si vous les jugez plus importantes que vos fonctions pastorales, vous n'avez pas moins de raisons pour leur sacrifier la prédication et la célébration du jour du Seigneur, que pour leur sacrifier le devoir que nous vous recommandons. S'il en est autrement, si les soins de votre ministère doivent passer avant tout, comment osez-vous alléguer la nécessité de cultiver vos relations sociales pour vous dispenser d'une de vos fonctions les plus importantes ? Vos amis doivent-ils être préférés à Dieu ? Quel que soit leur rang, doivent-ils être servis et honorés avant lui ? Leur mécontentement est-il pour vous plus à craindre que le sien ? « Si vous cherchez à plaire aux hommes, vous n'êtes plus les serviteurs de Christ. » Vous connaissez bien peu le prix du temps, si vous osez le perdre à de vaines civilités ? C'est pour moi un sujet d'étonnement, de voir des pasteurs trouver du temps pour chasser, pour jouer, pour converser pendant des heures entières sur des sujets frivoles, pour faire des visites de pure civilité. Quelle étrange inconséquence, lorsque tant de milliers d'âmes sollicitent leur secours, lorsque la mort peut d'un moment à l'autre les enlever à leur troupeau, quand la plus petite paroisse suffit pour occuper nuit et jour toute leur activité !

Mes frères, souffrez que je vous parle avec une entière franchise. Si vous n'avez pas le sentiment de la valeur des âmes, du prix infini du sang versé pour leur rédemption, de la gloire à laquelle elles sont appelées et de la misère éternelle à laquelle elles sont exposées, vous n'êtes pas chrétiens, et par conséquent, vous n'êtes pas propres au saint ministère. Si au contraire vous êtes pénétrés de l'importance de ces grands objets, comment pouvez-vous trouver du temps pour des visites, des récréations, des conversations inutiles ? — O temps précieux ! avec quelle rapidité il s'écoule ! Qu'est-ce que la plus longue vie, quand elle touche à sa fin ? Quand chaque jour durerait autant qu'un mois, il serait encore trop court pour l'œuvre d'un jour. N'avons-nous pas déjà perdu assez de temps dans les jours de notre vanité ? — Je n'ai jamais vu un homme, fût-ce le plus stupide, qui, à l'heure de la mort, ne reconnût le prix du temps, et qui ne fût disposé aux plus grands sacrifices pour le racheter, si cela était possible ; et cependant, nous ne nous faisons point scrupule de le perdre. Oh ! dans quel aveuglement le péché ne jette-t-il pas les hommes ! Comment se peut il qu'un homme, doué de quelque raison et de quelque honnêteté, connaissant l'importance de son ministère et le compte rigoureux qu'il devra en rendre, ait du temps à perdre dans la vanité et l'oisiveté ?

Je dois ajouter, mes frères, que si d'autres peuvent se permettre quelques récréations inutiles, vous ne le pouvez point. Dans une ville ravagée par la peste, un médecin peut-il s'accorder plus de repos que le soin de sa propre conservation n'en exige, lorsque ses concitoyens en danger de périr réclament son assistance ? — Dans une ville assiégée, exposée aux attaques et aux surprises de l'ennemi, lorsque, parmi les citoyens, les uns veillent aux portes, les autres se tiennent prêts à écarter l'incendie qui menace leurs demeures, peuvent-ils quitter leur poste pour prendre du relâchement ou du repos ? Leur accordera-t-on pour cela plus de temps qu'il ne leur en faudra rigoureusement ?

4ᴱ Objection. On ne peut pas exiger des pasteurs qu'ils se rendent esclaves. S'ils s'acquittent avec soin de la prédication et de la visite des malades, s'ils remplissent exactement leurs autres fonctions, et si, lorsque l'occasion se présente, ils peuvent par leurs entretiens faire du bien à quelques personnes, Dieu ne demande pas qu'ils s'attachent à instruire chacun individuellement, et qu'ils se condamnent ainsi au plus rude esclavage.

Réponse. Je vous ai montré l'importance et la nécessité de ce devoir. — Pensez-vous que Dieu n'exige pas que vous fassiez tout le bien que vous pouvez faire ? A la vue d'un pécheur luttant contre la mort et près de tomber entre les mains de son juge, pouvez-vous vous dire : « Dieu n'exige pas que je me rende esclave pour le sauver. » Est-ce là la voix de la miséricorde chrétienne, ou celle d'une lâcheté et d'une cruauté infernale ? Est-ce la voix de l'obéissance ou celle de la rébellion ? N'êtes-vous pas également criminel, soit que vous ne vouliez obéir qu'autant qu'il vous plaira, soit que vous vous persuadiez qu'un devoir qui vous est désagréable n'est pas un devoir ?

C'est une odieuse hypocrisie de ne vouloir accepter, dans le service de Dieu, que la part qui est compatible avec votre félicité charnelle et de rejeter tout le reste. Et à cette hypocrisie, l'objection que nous combattons ajoute la plus détestable impiété. N'est-ce pas calomnier le Très-Haut que d'appeler son service un fardeau et un esclavage ? — Quelles pensées ont-ils donc de leur maître, de leur œuvre, de leur salaire ? — les pensées d'un croyant ou celles d'un incrédule ? Avec de telles pensées, quel honneur peuvent-ils rendre à Dieu, et comment peuvent-ils le servir ? quel plaisir peuvent-ils trouver dans la sainteté, s'ils la regardent comme un esclavage ? « Celui-là, dit Jésus-Christ, qui ne renonce pas à lui-même, qui n'abandonne pas tout, qui ne prend pas sa croix pour me suivre, ne peut être appelé mon disciple. » Et sont-ils prêts à tout abandonner, ceux qui considèrent comme un esclavage de travailler à la vigne du Seigneur ? Peuvent-ils être de dignes ministres, ceux qui sont à ce point ennemis du renoncement, et par conséquent du vrai christianisme ?

Je le dis avec douleur, les maux de l'Église viennent de ce que tant de jeunes gens se font ministres avant d'être chrétiens. — Si de tels hommes avaient vu l'activité de Jésus-Christ à faire le bien, s'ils l'avaient vu quitter son repas pour s'entretenir avec une femme, n'auraient-ils pas pensé, avec ses amis charnels, qu'il était « hors de son sens. » Ne lui auraient-ils pas dit qu'il se rendait esclave, et que Dieu n'exigeait pas tant de sacrifices ? S'ils l'avaient vu passer le jour en prédications et la nuit en prières, ne lui auraient-ils pas reproché son excès de zèle ? A ceux qui ont de tels sentiments, j'adresserai cette question : « Croyez-vous sincèrement à la parole que vous prêchez ? croyez-vous qu'une telle gloire soit réservée à ceux qui meurent au Seigneur, et une telle misère à ceux qui meurent sans conversion ? Si vous le croyez réellement, pensez-vous que l'on puisse jamais trop travailler en vue de si immenses résultats ? Si, au contraire, vous n'en êtes pas convaincus, dites-le franchement : retirez-vous de la vigne du Seigneur. Allez avec l'enfant prodigue garder les pourceaux, et ne vous chargez pas de conduire le troupeau de Jésus-Christ. »

Savez-vous, mes chers frères, qu'avec de semblables dispositions, vous combattez contre vos propres intérêts ?

Plus vous travaillerez, plus vous recevrez. Notre vie et notre paix spirituelles croissent en proportion de ce que nous faisons pour le service de Dieu ; il nous accorde plus à mesure que nous travaillons plus pour lui. L'exercice de la grâce augmente la grâce. Est-ce donc un esclavage, de vivre plus avec Dieu et de recevoir de lui plus que les autres hommes ? C'est la plus grande consolation d'une âme convertie, que de faire du bien, que d'être toujours occupée de choses spirituelles. Par l'activité de nos travaux, nous nous préparons à recevoir de plus abondantes bénédictions ; nous plaçons à un haut intérêt les talents que nous avons reçus, « en sorte que cinq en produiront dix, et que nous serons établis gouverneurs de dix villes. » — Considérer cette pieuse activité comme un esclavage, c'est justifier les impies qui prétendent qu'il n'est pas nécessaire de prendre tant de peine pour être sauvé. La négligence d'un devoir si important est déjà un péché odieux ; mais prétendre justifier cette négligence en niant le devoir lui-même, c'est aggraver notre faute à un tel point, que nous ne sommes plus que « du sel qui a perdu sa saveur ; il n'est propre ni pour la terre, ni pour le fumier ; mais on le jette dehors. » Si, en agissant ainsi, nous perdons toute considération, ne nous en prenons qu'à nous. En avilissant le service de Jésus-Christ, nous nous avilissons nous-mêmes, et nous nous préparons une éternelle confusion.

5^E Objection. Si vous imposez aux ministres de si rigoureuses obligations, l'Église se verra dépourvue de pasteurs ; car, quel homme voudra s'engager dans une carrière si laborieuse ? Quels parents voudront imposer à leurs enfants un si pesant fardeau ? On évitera des fonctions pénibles pour le corps et dangereuses pour la conscience.

Réponse. 1° Ce n'est pas nous, c'est Jésus-Christ lui-même, qui impose ces obligations que vous appelez rigoureuses. Il sait pourquoi il les a imposées, et il exige qu'on y obéisse. Peut-on accuser la bonté infinie d'avoir établi des lois trop sévères ? Faut-il que Dieu laisse périr les âmes, pour vous épargner un peu de travail et un peu de peine ? Oh ! combien ce monde serait misérable, si le soin de le gouverner était laissé à notre aveuglement et à notre faiblesse !

2° Quant à pourvoir l'Église de pasteurs, Jésus-Christ en prendra le soin. Celui qui impose le devoir a la plénitude de l'Esprit et peut nous donner des cœurs disposés à lui obéir. Pensez-vous qu'il permettra que tous les hommes aient des cœurs aussi cruels, aussi charnels, aussi égoïstes que vous ? Celui qui a entrepris l'œuvre de notre rédemption, qui a porté toutes nos transgressions, qui a conduit fidèlement son Église comme un berger conduit son troupeau, ne perdra pas, faute d'instruments, le fruit de son travail et de ses souffrances, et ne sera pas réduit à recommencer lui-même son œuvre. Il trouvera des serviteurs disposés à se charger du travail, qui se réjouiront d'être ainsi employés et qui regarderont comme une bénédiction ce ministère qui vous paraît un lourd fardeau ; — qui, pour sauver les âmes et propager l'Évangile de Christ, seront satisfaits « de porter le poids de la chaleur du jour, d'accomplir dans leur corps la mesure des souffrances de Jésus-Christ, — de travailler pendant qu'il est jour, — d'être les serviteurs de tous, de ne pas se plaire à eux-mêmes, mais aux autres pour leur édification, — de se faire tout à tous, afin d'en sauver quelques-uns, -d'endurer toutes choses pour les élus, — de se dépenser pour leurs frères, quand même ils devraient être moins aimés à mesure qu'ils aimeraient plus, et qu'ils devraient être traités en ennemis pour dire la vérité. » — Jésus-Christ appellera « des pasteurs selon son cœur, qui paîtront son peuple avec science et avec intelligence. » Il trouvera des serviteurs fidèles, quand même, comme Démas, « vous préféreriez le présent siècle » et que vous renonceriez à son service.

Ces lois, que vous appelez sévères, il ne les a pas faites seulement pour les ministres, mais pour tous ceux qui veulent être sauvés ; car, tous ceux qui veulent être ses disciples doivent « renoncer à eux-mêmes, mortifier leur chair, être crucifiés au monde, prendre leur croix et suivre Jésus. » Christ, néanmoins, ne sera pas privé de disciples, et, pour les attirer à son service, il ne déguisera pas les conditions auxquelles il les engage, mais il les leur découvrira dans toute leur rigueur, et les laissera libres de venir ou non à lui. Il leur exposera les sacrifices auxquels ils sont appelés, et leur dira que « les renards ont des tanières et que les oiseaux du ciel ont des nids ; mais que le fils de l'homme n'a pas un lieu où reposer sa tête ; » qu'il ne leur apporte pas la paix et la prospérité mondaines ; mais qu'il les invite à « souffrir avec lui, afin qu'ils puissent régner avec lui, et à posséder leurs âmes par la patience. » Et ceux qu'il aura choisis, il leur donnera la force de faire tout. ce qu'il leur demandera.

Quant aux scrupules de conscience et à la crainte de manquer à leurs devoirs, remarquons en premier lieu que ce ne sont point les manquements involontaires qui offensent Jésus-Christ, mais l'infidélité et la négligence volontaires. En second lieu, vous ne gagnerez rien à vous enfuir de la vigne du Seigneur, sous prétexte que vous ne pouvez y travailler comme vous le devriez. Jésus-Christ vous poursuivra et vous atteindra comme il atteignit Jonas, et suscitera contre vous une tempête qui vous plongera dans « le fond de l'abîme. » Rejeter un devoir parce que vous ne pouvez pas le remplir fidèlement, c'est là une bien misérable excuse. Si vous aviez d'abord bien considéré la différence entre les choses temporelles et les choses éternelles, si vous aviez possédé cette foi qui est la manifestation des choses invisibles, si vous aviez vécu par la foi et non par la vue, toutes ces objections ne seraient rien à vos yeux et vous paraîtraient des raisonnements d'enfants ou d'hommes dépourvus de sens.

6^E Objection. Mais à quoi bon prendre tant de peine, quand la plupart de nos paroissiens ne veulent pas se soumettre. Ils ne veulent point venir à nous pour être instruits et catéchisés ; ils nous disent qu'ils sont trop vieux pour apprendre, il vaut donc mieux les laisser tranquilles que de leur imposer ainsi qu'à nous une peine inutile.

Réponse. 1° J'avoue qu'il y a un grand nombre d'hommes dont l'opiniâtreté est difficile à vaincre, je sais que les stupides aiment la sottise, que les moqueurs prennent plaisir à la moquerie, et que les fous ont en haine la science (Prov. 1.22) » Mais plus ils sont endurcis, plus ils sont à plaindre, et plus nous devons faire d'efforts pour les ramener.

2° Si la plupart des membres de nos troupeaux sont ainsi obstinés et dédaigneux, n'est-ce point par la faute des ministres ; si nous faisions luire notre lumière devant eux, — si nos prédications et notre conduite étaient de nature à produire sur eux de fortes et salutaires impressions, — si nous faisions tout le bien que nous sommes capables de faire, — si nous avions plus de douceur, d'humilité, de charité, de zèle, — si nous prouvions aux hommes que leur salut est pour nous au-dessus de tous les intérêts mondains, notre ministère aurait plus d'efficacité et plus de puissance, nous fermerions la bouche aux opposants et nous les rendrions plus dociles et plus traitables.

3° L'opposition que nous rencontrons ne nous dispense pas de faire notre devoir. C'est à nous de proposer, à eux d'accepter. Si nous ne prenons pas l'initiative, nos paroissiens sont excusables, puisque nous ne les mettons pas en demeure d'accepter ou de refuser ; mais, pour nous, nous sommes sans excuse. Si le refus vient de leur part, notre devoir est fait, notre responsabilité est à couvert.

4° Si quelques-uns refusent notre ministère, il s'en trouvera qui l'accepteront, et le succès que nous obtiendrons auprès d'eux compensera abondamment notre travail. Nos prédications publiques ne convertissent pas tous nos auditeurs : devons-nous pour cela y renoncer, sous prétexte qu'elles sont inutiles ?

7ᴱ Objection. Si les hommes ne sont pas convertis par la prédication de la parole, qui est le principal moyen que Dieu a établi dans ce but, est-il probable qu'ils seront convertis par des instructions particulières ? « La foi vient de ce qu'on entend, et ce qu'on entend vient de la Parole de Dieu. »

Réponse. 1° Je vous ai déjà exposé les avantages de cette méthode. J'ajouterai qu'elle vous sera d'un secours utile pour la prédication ; car, comme la tâche d'un médecin est à moitié remplie quand il connaît bien la maladie qu'il a à traiter, de même la connaissance exacte de l'état spirituel des âmes vous fournira pour la prédication plus de matériaux utiles que vous n'en pourrez retirer de longues heures d'étude.

2° Il faudrait être complètement aveugle pour ne pas voir que ces instructions particulières sont une véritable prédication. Ce n'est pas le nombre des auditeurs qui constitue la prédication ; on peut prêcher devant une personne comme devant mille. Les prédications mentionnées dans le Nouveau Testament n'étaient souvent que des conférences ou des conversations familières avec un petit nombre de personnes : c'est de cette manière que Jésus-Christ prêchait fréquemment.

Ainsi, Dieu, l'Écriture-Sainte, la raison et la conscience, tout nous invite à l'accomplissement de ce devoir. A la vérité, le monde, la chair et le diable s'efforcent de nous en détourner ; mais si contre toutes les tentations nous avons recours à Dieu, si nous regardons à la grandeur de nos obligations et à celle de notre récompense, nous reconnaîtrons que nous n'avons point lieu d'être effrayés ou découragés.

Oh! quelle leçon renferme notre texte! Mais combien elle est peu comprise de ceux qui doutent, encore de l'étendue de leur devoir! Ces paroles de saint Paul ont été si souvent présentes à mon esprit, et sont si fortement gravées dans ma conscience, que c'est par elles que j'ai été convaincu de mon devoir et de ma négligence. Elles méritent donc votre plus sérieuse méditation ; elles devraient être continuellement sous vos yeux, ainsi que les lignes suivantes qui contiennent le résumé de tous nos devoirs :

— NOTRE VOCATION GÉNÉRALE : « Servant le Seigneur en toute humilité d'esprit et avec beaucoup de larmes. »

— NOTRE ŒUVRE SPÉCIALE : « Prenez garde à vous-mêmes et à tout le troupeau. »

— NOTRE DOCTRINE : « La repentance envers Dieu et la foi en Jésus-Christ, notre Seigneur. »

— LE MODE DE NOS ENSEIGNEMENTS : « Je vous ai instruits publiquement, et de maison en maison. »

— L'ACTIVITÉ, LE ZÈLE, L'AFFECTION QUE NOUS DEVONS MANIFESTER : « Je n'ai point cessé d'avertir chaque homme, nuit et jour, avec larmes. »

— LA FIDÉLITÉ À DIEU ET À L'ÉGLISE : « Je ne vous ai rien caché des choses qui vous étaient utiles, et je n'ai pas évité de vous déclarer tout le dessein de Dieu. »

— LE DÉSINTÉRESSEMENT ET LE RENONCEMENT À NOUS-MÊMES : « Je n'ai désiré ni l'or, ni l'argent, ni les vêtements de personne ; mes mains ont fourni à tout ce qui m'était nécessaire et à ceux qui étaient avec moi, me souvenant de ce que le Seigneur Jésus a dit,

qu'il y a plus de bonheur à donner qu'à recevoir. »
— LA PATIENCE ET LA PERSÉVÉRANCE : « Je ne me mets en peine de rien, et ma vie ne m'est point précieuse, pourvu que j'achève avec joie ma course et le ministère que j'ai reçu du Seigneur Jésus. »
— L'ESPRIT DE PRIÈRE : « Je vous recommande à Dieu et à la parole de sa grâce, lequel peut vous édifier encore et vous donner l'héritage avec tous les saints. »
— LA PURETÉ DE CONSCIENCE : « Je proteste aujourd'hui devant vous que je suis net du sang de vous tous. »

Que ces préceptes soient gravés dans vos cœurs, et, vous et votre Église, vous en retirerez plus d'avantages que si vous passiez des années entières à acquérir une science qui pourra vous attirer les applaudissements du monde, mais avec laquelle vous ne serez jamais que comme « l'airain qui résonne ou la cymbale qui retentit. » Si les ministres sont sincères, la gloire de Dieu et le salut des âmes doivent être leur unique but ; ni le travail, ni la souffrance, ne pourront les en détourner. Quoi qu'ils oublient, ils n'oublieront pas ces mots : « Une seule chose est nécessaire : cherchez premièrement le royaume de Dieu et sa justice. » — Ils se diront à chaque instant : « La nécessité m'en est imposée, et malheur à moi si je ne prêche pas l'Évangile ! » Telles sont les pensées qui rendront vos travaux faciles, vos fardeaux moins pesants, vos souffrances supportables. Celui qui a la conscience qu'il sert Dieu, n'a pas besoin de s'inquiéter des périls qu'il court dans cette cause ; celui qui connaît le prix infini de la récompense à laquelle il aspire, la préférera à tout et fera tout pour l'obtenir. — Je m'assure, mes frères, que vous êtes résolus à être diligents et fidèles ; je dois maintenant vous donner quelques directions sur la manière de vous montrer tels en toute circonstance.

2.3 Directions pour l'accomplissement de ce devoir

Je n'ignore pas que nous avons affaire à une génération « de cou raide, » et qu'il est hors de notre pouvoir de changer un cœur charnel sans l'opération efficace du Saint-Esprit ; néanmoins, il entre tellement dans le plan de Dieu de travailler par des instruments, et de bénir les efforts de ses serviteurs, que j'ai la confiance que l'accomplissement de ce devoir produira de grandes choses, à moins que nous n'y mettions nous-mêmes des obstacles. Ces obstacles peuvent venir du manque d'activité ou du manque d'habileté. Je vous ai déjà parlé des premiers ; quant aux seconds, j'ai à un si haut degré le sentiment de ma propre insuffisance, que je ne pense pas pouvoir donner des directions à d'autres qu'à ceux qui sont tout-à-fait inexpérimentés dans l'œuvre du ministère : c'est donc à ceux-là seulement que je m'adresse. Ils sont encore en assez grand nombre, et leur conduite doit exercer une immense influence sur le bien-être spirituel de l'Église et de la nation.

Les deux points qui doivent principalement attirer votre attention sont les suivants :

1º La nécessité d'amener vos paroissiens à se soumettre

à ces instructions particulières ; car il faut absolument qu'ils aillent à vous, ou qu'ils souffrent que vous alliez à eux.

2° La manière de rendre ces instructions efficaces.

Article I

Nous vous donnerons d'abord quelques directions pour amener vos paroissiens à se soumettre à ce genre d'instruction.

1° Pour un ministre, le moyen le plus efficace d'atteindre à ce but, c'est de se conduire et de remplir les fonctions de son ministère de manière à convaincre ses paroissiens de sa capacité, de sa sincérité, de son amour pour eux ; car, s'ils le regardent comme un ignorant, et s'ils se croient aussi éclairés que lui, ils ne feront aucun cas de ses instructions. S'ils le regardent comme un homme dépourvu de zèle, de dévouement et de sincérité, toutes ses paroles et toutes ses actions leur seront suspectes. Si, au contraire, ils sont convaincus de sa capacité, et s'ils ont une idée avantageuse de ses talents, ils seront disposés à écouter ses conseils avec déférence ; ils seront prompts à les suivre, s'ils sont persuadés de la droiture de ses intentions. — Comme je m'adresse dans ce moment à ceux qui ont plus particulièrement sujet de douter de leur capacité, je leur recommanderai de travailler à acquérir ce qui leur manque sous ce rapport, et de chercher à compenser cette imperfection par d'autres qualités.

Si les ministres s'efforçaient de se faire aimer de leurs paroissiens, s'ils leur témoignaient de l'intérêt et de l'affection, s'ils étaient prudents en toute leur conduite, et abondants en bonnes œuvres, ils exerceraient une plus haute influence, et pourraient travailler plus efficacement à l'avancement du règne de Dieu. S'il ne s'agissait que d'eux-mêmes, il importerait peu qu'ils fussent aimés ou haïs de leur troupeau; mais quels services peuvent-ils rendre, dans la guerre chrétienne où ils sont engagés, avec une armée dont ils ne possèdent pas la confiance? Quelle déférence leurs paroissiens auront-ils pour leurs conseils, s'ils n'ont point de respect pour leur personne? Efforcez-vous donc de gagner l'estime et l'affection de votre troupeau. Mais, me dira-t-on peut-être, que doit faire un ministre qui a perdu l'affection de ses paroissiens? — A cela je répondrai : — Si des paroissiens sont assez pervers pour haïr leur ministre, non pas à cause de ses faiblesses ou de son inconduite, mais parce qu'il veut leur faire du bien, il doit alors continuer « patiemment à instruire avec douceur ceux qui s'opposent à lui, dans l'espoir que Dieu leur donnera la repentance, pour connaître la vérité. » — Mais, s'il a perdu l'affection de ses paroissiens par son inconduite, par quelque diversité d'opinions, ou par d'injustes préventions soulevées contre lui, — qu'il s'efforce de dissiper ces préventions par tous les moyens légitimes ; et s'il ne peut y parvenir, qu'il dise à ses paroissiens : « Ce n'est pas pour moi, mais pour vous que je travaille : puis donc que vous ne voulez pas vous soumettre à mes instructions, je désire qu'un autre pasteur vous fasse le bien que je ne puis vous faire. » Qu'il renonce à la conduite de son église, et qu'il voie si un autre, ne la dirigera pas mieux que lui. Car un homme d'honneur ne s'imposera pas à un troupeau malgré sa volonté, et un homme sincère ne voudra pas, en vue de quelque avantage particulier, rester dans une église où il n'a pas l'espoir de faire du bien ; il ne voudra pas empêcher celui que pourrait faire un autre pasteur, en possession de l'estime et de l'affection de son troupeau.

2° Après cette préparation générale, ce que vous avez à faire, c'est d'employer les moyens les plus efficaces pour convaincre vos paroissiens de l'utilité et de la nécessité de ces instructions particulières. — Dans ce but, vous pouvez, par quelques sermons sur ce sujet, démontrer à vos paroissiens la nécessité de connaître les vérités religieuses, et d'en étudier particulièrement les principes fondamentaux ; — nécessité qui n'est pas moins impérieuse pour les personnes avancées en âge que pour les autres : « Car, dit Paul, au lieu que vous devriez être maître depuis longtemps, vous avez encore besoin qu'on vous enseigne les premiers éléments de la parole de Dieu, et vous êtes dans un tel état que vous avez plutôt besoin de lait que d'une viande solide. (Hébreux.5.12) » Ce qui revient à dire : — que les oracles de Dieu sont des leçons pour les hommes ; — que les ministres sont chargés d'enseigner ces leçons ; — que les oracles de Dieu renferment quelques principes fondamentaux dont la connaissance est indispensable au salut ; — que ces principes doivent être étudiés les premiers ; — que les hommes ne peuvent, sans se rendre coupables, négliger les moyens d'instruction qui sont à leur portée ; — que, si des personnes avancées en âge n'ont pas profité de ces moyens d'instruction, et ignorent encore les premiers principes, il est de leur devoir de les apprendre.

Cela ressort évidemment des paroles de saint, Paul, et nous y trouvons le moyen de prouver à nos paroissiens : 1° la nécessité de connaître les oracles de Dieu ; 2° celle d'étudier particulièrement les principes fondamentaux ; 3° la spécialité de ce devoir pour les personnes d'un âge avancé qui ont déjà perdu tant de temps, qui devraient être capables d'instruire les autres, et dont l'ignorance est doublement honteuse et coupable. Démontrez-leur qu'il est impossible de marcher dans la voie du ciel, si l'on ne la connaît point, à cause des obstacles dont elle est hérissée. Faites-leur comprendre que c'est une contradiction choquante de se dire chrétien et de refuser de s'instruire. Car, qu'est-ce qu'un chrétien, sinon un disciple de Jésus-Christ ? Et comment se dire disciple de Jésus-Christ, si l'on refuse d'être enseigné par lui ? Rejeter les enseignements des ministres de Jésus-Christ, c'est rejeter les enseignements de Jésus-Christ lui-même. Car Jésus-Christ ne descendra pas sur la terre pour les instruire de sa bouche ; il a donné cette mission à ses ministres. Ainsi, rejeter les instructions de ceux-ci, c'est rejeter celles du maître, ce n'est pas vouloir être disciples de Jésus-Christ, c'est en un mot ne pas vouloir être chrétiens.

Faites-leur comprendre que la pratique de ce devoir n'est point une institution arbitraire de notre part, mais une nécessité qui nous est imposée, et que si nous ne prenons pas garde à tous les membres de notre troupeau, ils périront dans leur iniquité, et que leur sang nous sera redemandé. C'est Dieu lui-même qui nous en fait un devoir, c'est donc à lui qu'ils désobéissent en ne nous permettant pas de l'accomplir. Demandez-leur s'ils voudraient voir leur ministre perdre volontairement son âme, plutôt que de s'exposer à leur déplaisir en cherchant à les sauver. Faites-leur connaître exactement la nature des fonctions pastorales, apprenez-leur qu'elles consistent à instruire et à conduire tout le troupeau ; qu'ils doivent par conséquent se rendre aux assemblées de culte, comme des écoliers studieux qui fréquentent des établissements d'instruction avec le désir de pouvoir rendre compte de leurs connaissances acquises et d'en acquérir de nouvelles. Prouvez-leur que c'est là un excellent emploi de leur temps, un puissant moyen de salut ; et lorsqu'ils en seront bien convaincus, ils se montreront sans doute plus dociles.

3° Veillons ensuite à ce que chaque famille de notre paroisse soit pourvue de livres saints et d'ouvrages d'édification. Visitons tantôt l'une, tantôt l'autre, afin de nous en assurer, et cela nous fournira le moyen de connaître ceux qui ont plus particulièrement besoin d'instructions, et de les engager en même temps à venir nous les demander.

4° Ayons soin d'user de la plus grande douceur, afin de ne pas décourager ceux auxquels nous nous adressons.

Enfin, si tous ces moyens ne suffisent pas pour engager vos paroissiens à venir vous demander ces instructions, — ne renoncez pas pour cela à votre dessein ; mais allez vers eux, demandez-leur les motifs de leur refus, et cherchez à les convaincre de la grandeur du péril qu'ils courent en refusant l'assistance qui leur est offerte. Les âmes sont d'un si grand prix que nous ne devons point, pour nous épargner quelque peine, les laisser se perdre ni les abandonner comme désespérées, tant qu'il y a encore quelque remède. Avant d'en venir à cette extrémité, faisons tout ce qui est en notre pouvoir ; car il n'y a qu'un refus obstiné et persévérant de leur part qui puisse nous autoriser à suspendre nos sollicitations : « La charité est patiente, elle supporte tout, elle espère tout. »

Article II

Après avoir examiné les moyens que vous devez employer pour amener vos paroissiens à se soumettre à vos instructions, — considérons la manière dont vous devez les leur dispenser.

Comme cette œuvre particulière soulève la répugnance de quelques pasteurs, elle servira à éprouver leurs dons, et montrera plus sûrement qu'une autre la différence qu'il y a entre eux. Que l'on me permette de rapporter ici les paroles d'un savant et pieux théologien, l'archevêque Usher[a] : elles sont tirées du sermon qu'il prononça à Wansted, en présence du roi Jacques, sur ce texte. (Eph.4.13)

---

a. Le même qui estimait que Dieu a créé le Ciel et la Terre le soir du 22 octobre 4004 avant Jésus-Christ ; ce qui n'incite pas vraiment le lecteur du XXIe siècle à le prendre au sérieux... mais on peut se tromper beaucoup sur la chronologie, et rester digne d'attention sur le sujet de la piété. (THÉOTEX)

« Des pasteurs instruits pourront penser qu'il ne leur convient pas de descendre à l'enseignement de ces vérités élémentaires, de ces premiers rudiments de la doctrine de Jésus-Christ ; mais qu'ils se rappellent que le soin de poser un fondement est le premier et le plus important d'un habile architecte. *J'ai posé le fondement comme un sage architecte, suivant la grâce qui m'a été donnée de Dieu,* dit saint Paul. (1Cor.3.10) Le soin de poser ce fondement, c'est-à-dire de proportionner notre enseignement à la capacité intellectuelle du plus humble auditoire, et de faire comprendre aux plus ignorants les mystères de la révélation, est une tâche qui mettra nos talents à l'épreuve, et qui nous donnera plus de peine que la discussion d'un point de controverse ou que les subtilités de la scolastique. Et cependant, Jésus-Christ a ordonné aux apôtres, aux prophètes, aux évangélistes, aux pasteurs, d'amener tous les hommes, les ignorants comme les savants, à l'unité de la foi et de la connaissance. Négliger ce devoir, c'est vouloir perdre tout le fruit du ministère évangélique. Car nous aurons beau prêcher ; si nous ne posons ce premier fondement, si nous n'insistons pas sur la connaissance des premiers principes, nous aurons travaillé inutilement. » Voici les directions que je crois à propos de vous donner pour l'accomplissement de cette œuvre :

1° Lorsque vous avez réuni auprès de vous une ou plusieurs familles, efforcez-vous d'adoucir leurs esprits, d'éloigner tout sujet de mécontentement ou de répugnance, en leur parlant, sinon en ces termes, du moins dans ce sens. « Mes amis, il semblera peut-être à quelques-uns d'entre vous que je vous impose un devoir inusité et difficile ; mais j'espère que vous ne le jugerez pas inutile ; car, s'il l'était réellement, je me serais épargné la peine de vous le recommander. Mais ma conscience et la parole de Dieu m'ont appris ce que c'est que d'avoir la charge des âmes : je sais que, si elles périssent par ma négligence, leur sang me sera redemandé, et je ne veux pas encourir une aussi redoutable responsabilité. Notre premier soin sur cette terre doit être de nous préparer à notre passage dans un autre monde, et Dieu a établi ses ministres pour être les conducteurs de son peuple. Dieu seul sait combien de temps nous avons encore à passer ensemble ; je dois donc m'efforcer de travailler à votre salut, avant l'instant de notre séparation. Tout autre soin n'est qu'un vain amusement auprès de celui-ci. J'espère donc que vous ne refuserez pas le secours que je viens vous offrir dans une affaire qui est pour vous de la plus extrême importance. » Ces paroles, ou d'autres dans le même sens, disposeront du moins, il faut l'espérer, vos auditeurs à recevoir vos instructions, et à vous rendre compte de leurs connaissances et de leur expérience chrétienne.

2° Adressez-vous ensuite, autant que cela sera possible, à chacun d'eux en particulier, de manière à ne pas être entendu des autres. Car quelques-uns auraient de la répugnance à exposer devant des témoins l'état de leur âme ; d'autres se défieraient de leur facilité à s'exprimer, et craindraient de devenir un sujet de risée. Evitez soigneusement tout ce qui pourrait leur inspirer de semblables craintes. D'ailleurs, ils parleront plus librement de leurs péchés et de leurs misères dans un entretien particulier. Ayez égard aussi à la différence des sexes et des âges, afin de ne réunir ensemble que des personnes placées sous ce rapport dans des conditions analogues ; évitez avec soin tout ce qui pourrait donner lieu à de fâcheuses interprétations, et faites en sorte de ne questionner une personne du sexe que devant les membres de sa famille.

3° Traitez dans ces entretiens les points les plus importants, et assurez-vous si vos auditeurs les comprennent bien. Demandez-leur, par exemple : « Que pensez-vous de la condition des hommes après leur mort ? Croyez-vous être soumis au péché, et quelle est la peine que mérite le péché ? Quel moyen Dieu a-t-il établi pour sauver les âmes misérables et pécheresses ? — Quelqu'un a-t-il souffert pour nous la peine du péché, ou devons-nous la souffrir nous-mêmes ? Quels sont ceux à qui Dieu pardonnera, et qui seront sauvés par le sang de Jésus-Christ ? Quel changement doit s'opérer dans ceux qui veulent être sauvés, et comment s'opère-t-il ? Quel sera pour nous la suprême félicité, et à quoi devons-nous surtout nous attacher ? »

Abstenez-vous des sujets douteux, obscurs, même quand ils peuvent se lier avec des vérités très importantes. Les personnes présomptueuses s'occupent en général de semblables matières, et méprisent ceux qui ne peuvent les résoudre aussi bien qu'elles.

Adressez-leur vos questions d'une manière claire et précise, en sorte qu'ils comprennent bien que vous leur demandez une réponse et non une définition. Ne vous inquiétez pas de l'expression, et contentez-vous quelquefois d'une simple réponse affirmative ou négative. Par exemple : « Qu'est-ce que Dieu ? Est-ce un être comme nous, ou un

Esprit invisible ? a-t-il eu un commencement ? peut-il avoir une fin ? Qu'est-ce que la foi ? est-ce la croyance à la parole de Dieu ? Qu'est-ce que devenir véritablement chrétien ? Est-ce croire que Jésus-Christ est le Sauveur des pécheurs, se confier en lui, et attendre de lui le pardon, la sanctification et la rédemption ? Qu'est-ce que la repentance ? Est-ce seulement le regret d'avoir péché, ou une conversion du péché à Dieu, un renoncement complet au péché ? »

Lorsqu'ils ne comprennent point vos questions vous devez les éclaircir en les exposant en d'autres termes ; ou bien, faire vous-mêmes la réponse et leur demander s'ils y adhèrent. Car, il y a beaucoup de personnes qui ne peuvent facilement exprimer ce qu'elles conçoivent bien ; cela tient à leur manque d'éducation. Vous devez donc avoir les plus grands ménagements pour les personnes sans instruction. — Il n'est pas rare non plus de voir des hommes pieux avoir beaucoup de peine à exprimer des sentiments qu'ils ont cependant éprouvés. J'ai connu des chrétiens pieux et expérimentés, qui n'avaient jamais pu parvenir à retenir l'expression des vérités les plus élémentaires ; devons-nous donc nous étonner de l'impuissance et de l'inhabileté d'hommes ignorants et grossiers, et devons-nous les rejeter comme ne valant pas la peine que l'on prendrait à les instruire ?

4° Après vous être assurés du degré de leur capacité, de leur connaissance, ayez soin d'y proportionner vos enseignements. Si vous avez affaire à un homme connaissant les vérités fondamentales de la religion, — expliquez-lui plus complètement quelques-uns des mystères de l'Évangile ; insistez sur la pratique des devoirs qu'il montre quelque penchant à négliger ; faites-lui-en comprendre l'importance et la nécessité. Si, au contraire, vous avez affaire à un homme complètement ignorant, exposez-lui un résumé clair et familier de la vérité évangélique ; car quoiqu'il puisse trouver ce résumé dans un catéchisme, cependant une exposition familière le lui rendra plus intelligible : et si vous vous apercevez qu'il ne vous comprend point, ne vous lassez point de répéter les mêmes vérités, en variant vos expressions.

5° Mais, ignorants ou non, si vous soupçonnez qu'ils ne sont pas convertis, efforcez-vous de vous en assurer. Le meilleur moyen de sonder leur conscience sans les offenser, est de les préparer à cet examen, en leur en faisant comprendre la nécessité, et de profiter ensuite d'une occasion, ou d'un passage du catéchisme pour les amener sur ce terrain. Par exemple : « Vous voyez que le Saint-Esprit éclaire l'intelligence des hommes, qu'il change leur cœur, qu'il les convertit de la puissance de Satan à Dieu par la foi en Jésus-Christ, qu'il les sanctifie, et que ceux-là seuls en qui s'est opéré ce changement jouiront de la félicité éternelle. Et maintenant, quoique je n'aie aucune envie de pénétrer vos secrets, cependant comme il est de mon devoir de vous donner des conseils pour tout ce qui concerne votre salut, et qu'il est extrêmement dangereux de se faire illusion, quand il s'agit de la vie et de la mort éternelles, j'espère que vous voudrez bien me parler franchement, et me dire si vous pensez que ce changement se soit opéré dans votre cœur. Votre intelligence a-t-elle été éclairée par l'esprit de Dieu ? Etes-vous devenu une nouvelle créature ? — Dites-le-moi franchement. »

S'il vous répond qu'il espère qu'il est converti, que tous les hommes sont pécheurs, mais qu'il se repent de ses péchés, etc., rappelez-lui en peu de mots quelles sont les véritables marques de la conversion, et recommencez ainsi votre examen : « Comme il s'agit ici de votre salut ou de votre condamnation, je voudrais vous aider à éviter toute méprise sur un point de cette importance. Comme Dieu nous jugera impartialement, nous avons sa parole, d'après laquelle nous pouvons nous juger nous-mêmes ; car cette parole nous apprend quels sont ceux qui seront sauvés et ceux qui seront condamnés. Maintenant, voici, d'après l'Écriture, l'état d'un homme inconverti. Il ne trouve pas un grand bonheur dans l'amour et la communion de Dieu. Son cœur est toujours attaché au monde visible. Il vit pour lui-même ; il se contente d'un bonheur charnel et terrestre. — Toute sa religion consiste dans la crainte de l'enfer. Le monde et la chair occupent la première place dans ses pensées, et il ne donne à Dieu que les restes dont le monde ne veut plus. Telle est la situation morale d'un homme inconverti, et cette situation est profondément misérable. — Mais celui qui est vraiment converti, celui qui, à la lumière du Saint-Esprit, a reconnu la grandeur de son péché et de sa misère ; celui qui connaît Jésus-Christ et ce qu'il a fait pour les pécheurs, et qui a connu les richesses de la grâce divine, se réjouit dans l'espoir du salut ; il accepte avec joie le pardon qui lui est offert ; il se donne tout entier à Jésus-Christ. Il contemple avec ravissement la perspective de la gloire et de la félicité célestes, et le monde n'est plus rien à ses yeux. Les choses de la vie présente ne sont pour lui que des obstacles ou des moyens de salut : son principal souci est de s'assurer le bonheur dans la vie à venir. — Est-ce là ou non votre situation ? Avez-vous éprouvé ce changement dans votre cœur ? »

S'il vous répond qu'il le croit, — soyez plus précis dans vos questions : demandez-lui : « Pouvez-vous dire avec vérité que les péchés de votre vie passée sont votre plus grand chagrin, et que vous avez reconnu qu'ils vous rendent digne d'une misère éternelle ; que vous vous êtes reconnu perdu, et que vous avez embrassé avec joie Jésus-Christ comme votre unique sauveur ? Pouvez-vous dire avec vérité que votre cœur est tellement éloigné du péché, que vous haïssez les péchés que vous aimiez autrefois, et que vous aimez cette vie sainte que vous détestiez auparavant ? Pouvez-vous dire que maintenant vous ne vivez pas volontairement dans la pratique de quelque péché connu ? N'y a-t-il pas quelque péché que vous ayez de la peine à abandonner ? quelque devoir que vous ayez de la répugnance à accomplir ? — Pouvez-vous dire avec vérité que l'union avec Dieu fait votre félicité au point d'être tout votre désir, tout votre espoir, tout votre amour ? — que vous êtes résolu, avec le secours de la grâce divine, à renoncer à tout dans le monde plutôt qu'à Dieu, et que votre unique soin est de le chercher ? Pouvez-vous dire avec vérité que, malgré des faiblesses et des imperfections, le grand objet de votre vie est de plaire à Dieu ? — que vous vous considérez comme un voyageur, et le ciel comme le grand but de votre pèlerinage ? »

S'il répond affirmativement, — demandez-lui alors s'il remplit soigneusement tel ou tel devoir, que vous le croyez porté à négliger. — Gardez-vous toutefois de juger avec trop de précipitation de l'état de son âme ; il est difficile de décider d'une manière absolue si un homme est ou n'est pas converti ; et d'ailleurs vous n'avez pas besoin de vous prononcer là-dessus pour donner efficacité à vos enseignements.

6° Si des informations précédentes, ou par suite de cet examen, vous avez lieu de croire que votre auditeur n'est point encore converti, vous vous efforcerez de bien lui faire sentir sa position. « En vérité, mon ami, lui direz-vous, je n'ai nullement l'intention de vous représenter votre condition comme plus déplorable qu'elle ne l'est réellement, ni de vous causer une frayeur inutile ; mais si je cherchais à vous abuser, vous me regarderiez comme un ennemi perfide, et non comme un fidèle ministre. Si dans une maladie, vous vous adressiez à un médecin, vous voudriez qu'il vous dît la vérité sur votre état, quand même cette vérité pourrait, en vous effrayant, faire empirer votre mal. Ici, la vérité vous est encore plus nécessaire, car elle est votre seule chance de rétablissement. Je crains bien que vous ne soyez étranger à la vie chrétienne ; car, si vous étiez chrétien, et véritablement converti, votre cœur serait tourné vers Dieu et vers la vie à venir ; vous regarderiez le soin de votre salut comme votre principale affaire ; vous ne vivriez pas dans la pratique volontaire du péché, ou dans la négligence d'un seul devoir reconnu. Hélas ! qu'avez-vous fait ? Comment avez-vous employé votre temps jusqu'à ce jour ? Ne saviez-vous pas que vous aviez une âme à sauver ; que vous deviez vivre éternellement dans le ciel ou dans l'enfer ; et que la vie présente ne vous était donnée que pour vous préparer à la vie à venir? Si vous aviez pensé au ciel autant qu'à la terre, vous connaîtriez bien mieux vos intérêts spirituels, et vous auriez fait beaucoup plus pour les avancer. Croyez-vous qu'il ne vaille pas la peine de vous en occuper? croyez-vous que vous puissiez obtenir le ciel sans rien faire, quand vous êtes obligé de prendre tant de peine pour obtenir des choses périssables, quand Dieu vous recommande de chercher avant tout son royaume et sa justice? Où seriez-vous maintenant, si vous étiez mort dans l'impénitence? Ne saviez-vous pas que vous devez bientôt mourir, et que vous serez jugé tel que vous serez à l'heure de votre mort? Croyez-vous que tout ce que vous avez acquis dans ce monde pourra vous consoler à cet instant suprême? Croyez-vous que tous vos biens pourront vous acheter le salut, et vous sauver de la condamnation? »

Soyez pressant et sérieux dans ces exhortations; car si vous ne touchez pas le cœur, elles demeureront sans effet et seront bientôt oubliées.

7° Ne négligez pas le soin de faire une exhortation pratique, en insistant sur la nécessité de croire en Jésus-Christ, de faire usage des moyens de grâce, et de renoncer au péché. « Mon ami, je suis vraiment affligé de vous voir dans cet état, mais je serais encore plus affligé de vous y laisser. Je vous supplie donc de faire attention à ce que je vous dis dans votre intérêt, au nom du Seigneur. C'est par un effet de sa miséricorde que Dieu ne vous a point encore retranché de ce monde, qu'il vous laisse encore du temps, qu'il vous offre, par le sang de Jésus-Christ, le pardon, la sanctification, la vie éternelle. Dieu n'a pas abandonné l'homme pécheur à une entière destruction, comme il y a abandonné les démons : il ne vous a point excepté, vous pas plus qu'un autre, du pardon qu'il offre à tous les pécheurs. Si vous vous repentez sincèrement de vos péchés, si vous voulez, par la foi, venir à Christ et vous confier à lui comme à votre Sauveur, Dieu aura pitié de vous, vous pardonnera et vous sauvera. Il opérera cette œuvre par sa grâce ; il vous donnera un cœur nouveau, il vous fera sentir la gravité et l'énormité de votre péché ; il vous fera comprendre combien ce péché est odieux en lui-même, et comment il vous a exposé à la condamnation éternelle. Il vous fera sentir que vous êtes entièrement perdus, et que vous n'avez d'espoir de pardon que par le sang de Jésus-Christ, et d'espoir de sanctification que par son Saint-Esprit. Il vous montrera la vanité de ce monde, et comment tout votre bonheur est en Dieu, dans cette vie éternelle où vous pourrez, avec les saints et les anges, contempler sa gloire, jouir de son amour et célébrer ses louanges.

Jusqu'à ce que cette œuvre soit opérée en vous, vous êtes dans une profonde misère ; si vous mourez avant qu'elle soit accomplie, vous êtes perdu pour toujours. Vous avez encore de l'espoir et un moyen de salut ; alors vous n'en aurez plus. Si donc vous avez quelque souci de votre âme, ne demeurez pas dans l'état où vous êtes. N'ayez point de repos que votre cœur ne soit changé. Lorsque vous vous levez, dites-vous : Oh ! si c'était aujourd'hui mon dernier jour ; si la mort me surprenait dans mon impénitence ! — Lorsque vous êtes à vos occupations, dites-vous : Oh! n'ai je pas une tâche plus importante encore à remplir? Celle de ma réconciliation et de ma sanctification? En voyant tout ce que vous possédez dans ce monde, demandez-vous à quoi vous serviront toutes ces choses, si vous vivez et si vous mourez dans un état d'inimitié avec Dieu, étranger à Jésus-Christ et à son Esprit. Que ces pensées ne vous quittent point jusqu'à ce que votre âme soit régénérée. — Pensez à la vanité de ce monde, au peu de temps qui vous sépare de l'éternité. Demandez-vous si ce n'est point une criminelle folie de dédaigner la gloire éternelle, et de lui préférer des objets terrestres et périssables. Occupez-vous sans cesse de semblables méditations, qu'elles absorbent toute votre attention. — Acceptez sans délai la félicité éternelle que vous offre votre Sauveur, saisissez-vous du pardon qu'il vous présente. — Renoncez au péché qui a souillé votre cœur et votre vie, rejetez-le loin de vous comme un poison mortel. — Usez avec empressement des moyens de grâce, jusqu'à ce que ce changement soit opéré en vous, et jusqu'à ce que vous soyez complètement affermi. Comme vous ne pouvez opérer vous-même ce changement, adressez-vous à Dieu par la prière; demandez-lui le pardon, la conversion, la régénération. Ne cessez point de le solliciter nuit et jour. — Evitez les tentations et les occasions de chute, renoncez aux sociétés dangereuses, et recherchez la compagnie de ceux qui craignent Dieu, et qui peuvent vous aider dans vos efforts pour le salut. — Consacrez le jour du Seigneur à de pieux devoirs, soit en public, soit en particulier, et ne perdez pas une minute de ce temps précieux que Dieu vous a donné pour vous instruire, et pour vous préparer à votre fin dernière. — Voulez-vous suivre ce conseil autant que vous le pourrez ? Voulez-vous m'en faire la promesse et vous efforcer de la tenir ? »

Ne négligez rien, mes frères, pour obtenir de celui à qui vous adressez ces conseils la promesse qu'il fera usage des moyens de grâce, qu'il renoncera aux mauvaises compagnies et aux mauvaises habitudes ; car c'est là ce qui est le plus en son pouvoir, en attendant que Dieu ait opéré ce changement de son cœur. Rappelez-lui que Dieu est témoin des engagements qu'il prend, et qu'il en exige l'accomplissement.

8° Avant de vous séparer des personnes que vous avez ainsi exhortées, adressez-leur quelques paroles pour adoucir la peine qu'elles auraient pu ressentir. « J'espère que vous ne trouverez pas mauvais que je vous aie parlé avec cette liberté. Si je n'étais pas moi-même convaincu de l'importance des vérités que je viens de vous exposer, je vous aurais épargné, à vous et à moi, la peine de cet entretien. Mais je sais que nous n'avons plus qu'un peu de temps à être ensemble, et j'ai dû vous préparer, ainsi que moi, à paraître devant Dieu, quand il lui plaira de nous appeler à lui. »

Comme vous n'aurez pas toujours l'occasion de vous entretenir avec les mêmes personnes, indiquez-leur les moyens de poursuivre l'œuvre que vous avez commencée. Engagez chaque père de famille à communiquer tous les dimanches à ses enfants ce qu'il aura lui-même appris. Cette pratique leur sera d'un utile secours pour se fortifier dans la connaissance des vérités élémentaires de la religion.

9° Dans tout le cours de ces conférences, usez de la méthode la plus sûre pour arriver au résultat désiré.

Variez vos enseignements suivant le caractère des personnes auxquelles vous avez affaire. Avec les jeunes gens, insistez particulièrement sur le danger des plaisirs sensuels et sur la nécessité de mortifier la chair. Avec les gens avancés en âge, insistez sur le détachement du monde, sur l'incertitude et la brièveté de la vie, sur le danger de l'impénitence finale. — Libre et familier avec les jeunes gens, soyez respectueux avec les vieillards. Parlez aux riches de la vanité du monde et de la nécessité du renoncement à soi-même ; aux pauvres, des richesses et de la gloire que leur offre l'Évangile, et de l'abondante compensation qu'ils trouveront à leurs privations présentes. Examinez quelles sont les fautes auxquelles les personnes sont le plus exposées suivant leur âge, leur sexe, leur tempérament, leur profession, et cherchez à les prémunir contre ces fautes.

Soyez aussi indulgents, aussi familiers, aussi simples que possible avec les personnes d'une intelligence bornée.

Citez l'Écriture à l'appui de vos enseignements, afin qu'ils voient que ces enseignements viennent de Dieu et non de vous.

Soyez sérieux et pressants, surtout lorsque vous en venez à l'application. Il n'y a rien de plus dangereux que la froideur et l'insouciance de certains ministres, qui s'acquittent de leur devoir d'une manière superficielle, dépourvue de chaleur et de vie ; qui se bornent à adresser à leurs auditeurs quelques froides questions, quelques exhortations glacées, incapables de toucher le cœur ou la conscience.

Avant donc d'entreprendre cette tâche, ayons soin de nous y préparer, en fortifiant notre croyance à la vérité de l'Évangile. Cette œuvre sera pour notre foi une véritable épreuve. Celui qui n'est que faiblement et superficiellement chrétien verra probablement son zèle défaillir, faute d'une foi vive et profonde aux vérités qu'il a à traiter. Une ferveur hypocrite et affectée ne se soutiendra pas longtemps dans la pratique d'un semblable devoir. Elle s'accommode mieux de la prédication publique que de ces conférences particulières. La chaire est le véritable théâtre d'un ministre hypocrite. C'est là, ainsi que dans ses fonctions publiques, qu'il aime à se montrer et qu'il se montre tout entier. Il faut d'autres hommes pour accomplir fidèlement le devoir que nous recommandons ici.

Nous devons donc nous y préparer et y préparer nos auditeurs par la prière.

Dans ces enseignements particuliers, nos reproches, même les plus sévères, doivent être accompagnés de témoignages d'amour ; il faut que nos auditeurs soient bien convaincus que nous ne cherchons que leur salut.

Si nous n'avons pas assez de temps pour entretenir ainsi tous nos paroissiens en particulier, faisons au moins ce qui est le plus nécessaire. Réunissons-en plusieurs ensemble, et adressons-leur des exhortations qui puissent convenir à tous.

Et maintenant, mes frères, c'est à vous à mettre en pratique les conseils que je viens de vous donner. S'ils blessent l'orgueil de quelques-uns de vous, ou la paresse et l'égoïsme de quelques autres, je suis convaincu que, malgré l'opposition de Satan et du péché, Dieu permettra que ces conseils ramènent plusieurs d'entre vous au sentiment de leur devoir et les engagent à travailler à la réformation de l'Église. J'espère que sa bénédiction les accompagnera pour les faire contribuer au salut des âmes, à la paix et à la consolation de ceux qui les mettront en pratique, à en encourager plusieurs à vous seconder dans cette sainte tâche, et à maintenir la pureté et l'unité de l'Église de Jésus-Christ. — Amen.

Table des matières

Notice ThéoTeX   1

Préface   5

I. La surveillance de nous-mêmes   9
    1. Nature de cette surveillance 11
    2. Motifs de cette surveillance 33

II. La surveillance du troupeau   52
    1. Nature de cette surveillance 52
    2. Manière d'exercer cette surveillance 82
    3. Motifs de la surveillance du troupeau 98

III. Application   108
    1. Nécessité de l'humiliation 108
    2. Devoir de catéchiser et d'instruire le troupeau . 145
        2.1 Exposé des motifs 146
            Article I : Utilité de ce devoir 146
            Article II : Difficulté de ce devoir 163

Article III : Nécessité de ce devoir . . . 166

Article IV : Application de ces motifs . 172

2.2 Objections contre l'exercice de ce devoir . 184

2.3 Directions pour l'accomplissement de ce devoir 203

Article I 204

Article II 209